SEASON 3

능력
향상

쉽게 배우고 생활에 바로 쓰는

파워포인트 기초

(주)지아이에듀테크 저

iCox

Education by Sympathy

쉽게 배우고 생활에 바로 쓰는
파워포인트 기초

초판 1쇄 인쇄   2020년 1월 2일
초판 1쇄 발행   2020년 1월 10일

지은이   ㈜지아이에듀테크
펴낸이   한준희
펴낸곳   ㈜아이콕스

기획/편집   아이콕스 기획팀
디자인   이지선
영업지원   김진아
영업   김남권, 조용훈

Education by Sympathy

주소   경기도 부천시 중동로 443번길 12, 1층(삼정동)
홈페이지   http://www.icoxpublish.com
이메일   icoxpub@naver.com
전화   032-674-5685
팩스   032-676-5685
등록   2015년 7월 9일 제 2017-000067호
ISBN   979-11-6426-101-7

30년째 컴퓨터를 교육면서도 늘 고민합니다. "더 간단하고 쉽게 교육할 수는 없을까? 더 빠르게 마음대로 사용하게 할 수는 없을까?" 스마트폰에 대한 지식이 없는 4살 먹은 어린아이가 스마트폰을 가지고 놀면서 스스로 사용법을 익히는 것을 보고 어른들은 감탄합니다.

그렇습니다. 컴퓨터는 학문적으로 접근하면 배우기 힘들기 때문에 아이들처럼 직접 사용해 보면서 경험적으로 습득하는 것이 가장 빠른 배움의 방식입니다. 본 도서는 저의 다년간 현장 교육의 경험을 살려 책만 보고 무작정 따라하다 발생할 수 있는 실수와 오류를 바로잡았습니다. 컴퓨터를 활용하는 데 꼭 필요한 핵심 내용을 중심으로 집필했기 때문에 예제를 반복해서 학습하다 보면 어느새 원리를 이해하고, 활용할 수 있는 단계에 오르게 될 것입니다. 쉽게 배우고 생활에 바로 쓸 수 있게 집필된 본 도서로 여러분들의 능력이 향상되기를 바랍니다. 물론 본 도서는 여러분의 컴퓨터 능력을 향상시킬 수 있는 수많은 방법 중 한 가지라는 말씀도 드리고 싶습니다.

교육 현장에서 늘 하는 말이 있습니다.
"컴퓨터는 종이다. 종이는 기록하기 위함이다."
"단순하게, 무식하게, 지겹도록, 단.무.지.반! 하십시오."
처음부터 완벽하지는 않겠지만 차근차근 익히다 보면 어느새 만족할 만한 수준의 사용자로 우뚝 서게 될 것입니다.

끝으로 이 책이 나올 수 있도록 도움을 주신 지아이에듀테크, ㈜아이콕스의 임직원 여러분들께 감사의 마음을 전합니다.

㈜지아이에듀테크

★ 각 CHAPTER 마다 동영상으로 더 쉽게 학습할 수 있도록 QR코드를 담았습니다. QR코드로 학습 동영상을 시청하는 방법은 다음과 같습니다.

1. Play스토어 네이버 앱을 ❶설치한 후 ❷열기를 누릅니다.

2. 네이버 앱이 실행되면 하단의 ❸동그라미 버튼을 누른 후 ❹렌즈 메뉴를 선택합니다

 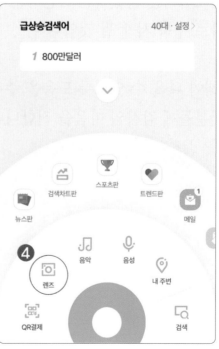

3. 본 도서에는 Chapter별로 상단 제목 오른쪽에 ❺QR코드가 있습니다. 스마트폰의 화면에 QR코드를 사각형 영역에 맞춰 보이도록 하면 QR코드가 인식되고, 상단에 동영상 강의 링크 주소가 나타납니다. ❻동영상 강의 링크 주소를 눌러 스마트폰으로 학습할 수 있습니다.

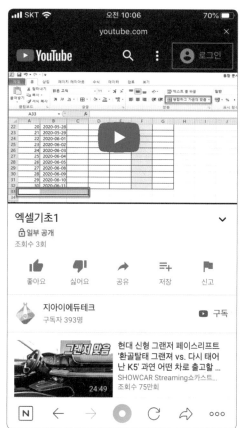

※ 유튜브(www.youtube.com)에 접속하거나, **유튜브** 앱을 사용하고 있다면 **지아이에듀테크**를 검색하여 동영상 강의를 들을 수 있습니다. **재생목록** 탭을 누르면 과목별로 강의를 찾아볼 수 있습니다.

★ 본 책의 예제를 실습해 보기 위한 준비 작업입니다. 다음의 방법으로 파일을 옮겨 놓은 후 학습을 시작하세요.

1. 인터넷 사이트의 검색 창에 '**아이콕스**'를 입력하고 '**검색**'을 클릭합니다.

2. 하단에 나오는 **도서출판 아이콕스**의 홈페이지 주소를 클릭합니다.

3. 아이콕스 홈페이지가 열리면 상단의 '**자료실**'에 마우스를 올려 놓고, 아래에 표시되는 하위 메뉴에서 '**도서부록소스**'를 클릭합니다.

4. 목록에서 **학습하고자 하는 책의 제목을 클릭**합니다. 상단에 있는 검색란에서 도서명을 검색해도 됩니다.

5. 실습 파일이 첨부되어 있는 것을 확인할 수 있습니다.

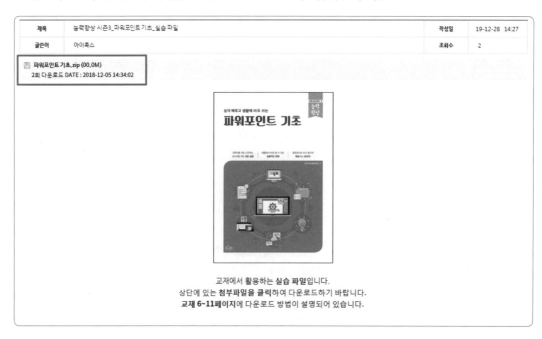

6. 첨부된 실습 파일의 **파일명을 클릭**하면 하단에 **저장하기 바**가 나타납니다.

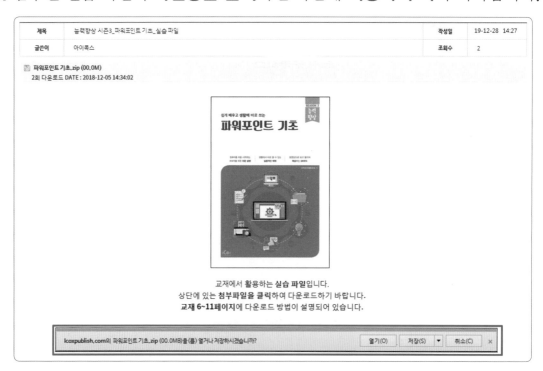

7. 저장(S) 버튼의 우측에 있는 **삼각형 부분**을 클릭하고, '**다른 이름으로 저장(A)**'을 클릭합니다.

8. 다른 이름으로 저장 창이 표시되면 좌측의 '**로컬 디스크(C:)**'를 클릭한 후, 하단에 있는 '**저장**' 단추를 클릭하면 실습 파일이 저장됩니다.

9. 다운로드가 완료되었다는 메시지가 나타나면 **'폴더 열기'** 단추를 클릭합니다.

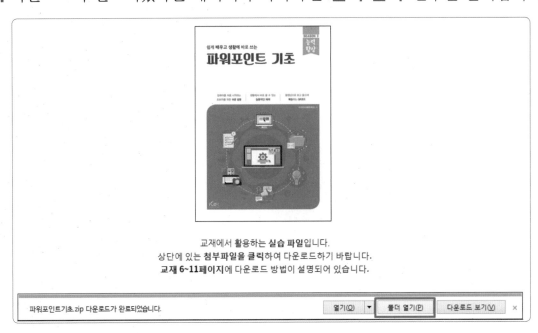

10. 실습 파일을 저장한 경로의 폴더, 즉 **'로컬 디스크(C:)'**가 자동으로 열리고 다운로드한 파일을 확인할 수 있습니다.

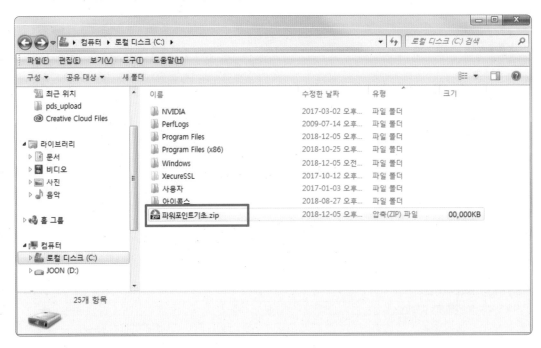

11. 실습 파일의 압축을 해제하기 위해, 다운로드한 파일을 **마우스 오른쪽 단추**로
클릭한 다음 '**파워포인트기초₩에 풀기**'를 선택합니다. 컴퓨터에 설치된 압축
프로그램의 종류에 따라 다른 형태의 메뉴가 표시되기도 합니다.

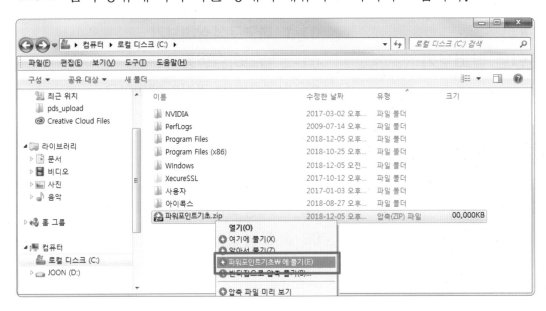

12. 압축 해제가 완료되면 실습 파일명과 동일한 이름의 폴더가 생성됩니다.

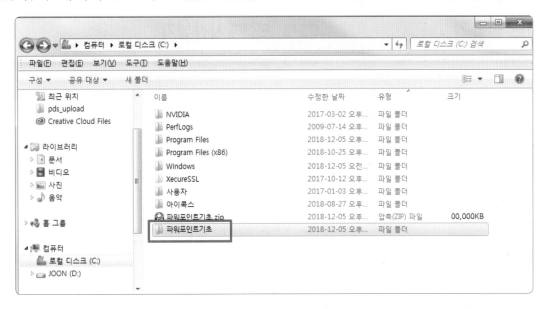

폴더 안에 예제에서 사용할 실습 파일들이 담겨져 있으므로, 본 책의 내용에 따라
필요할 때 사용할 수 있습니다.

목
차

1. 화면구성 살펴보기
2. 슬라이드 만들기
3. 슬라이드 관리와 레이아웃

미리보기

2020 **5** May

Sunday	Monday	Tuesday	Wednesday	Thursday	Friday	Saturday
					1	2
3 4. 4	4	5 어린이날	6	7	8	9
10 4. 11	11	12	13	14	15	16
17 4. 18	18	19	20	21	22	23
24 4. 25	25	26	27	28	29	30
31	1	2	3	4	5	6

이런 것을 배워요

❶ 파워포인트 문서 저장과 열기를 알아봅니다.

❷ 새로 만들기의 테마를 적용해 봅니다.

❸ 다른 이름으로 저장하기를 알아봅니다.

❹ 간단한 수정방법을 배우게 됩니다.

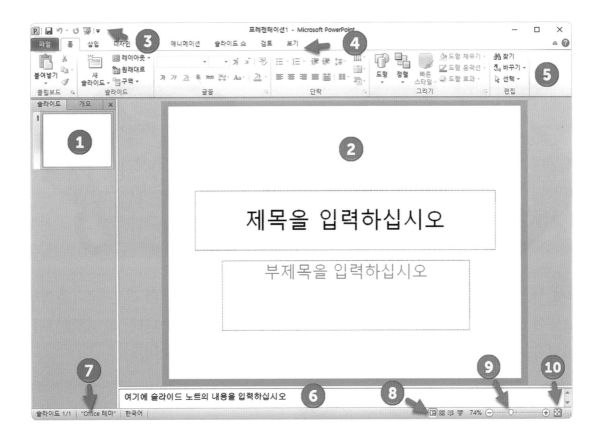

① 슬라이드 및 개요 창 – 슬라이드 관리 및 개요작업 하는 곳

② 슬라이드 작업창 – 슬라이드 작업을 하는 곳

③ 빠른 실행도구 – 메뉴를 빨리 선택할 수 있도록 할 수 있습니다.

④ 메뉴 탭 – 슬라이드에 작업할 수 있는 기능들이 모여 있습니다.

⑤ 리본 메뉴 – 메뉴에 따라 옆으로 펼쳐서 서브 메뉴가 나타납니다.

⑥ 슬라이드 노트 – 각 슬라이드의 보조설명을 적어두는 곳입니다.

⑦ 상태표시줄 – 슬라이드의 상황을 알려주는 곳입니다.

⑧ 화면보기 단추 – 기본, 여러 슬라이드, 슬라이드 쇼가 있습니다.

⑨ 화면 확대/축소 영역 – 슬라이드의 내용을 줌인/줌아웃 해줍니다.

⑩ 슬라이드를 작업영역에 맞추는 단추

🖱 슬라이드란 무엇인가?

슬라이드는 그림, 차트, 영상 등을 올려놓을 수 있는 **투명한 비닐**이라고 생각하면 됩니다. 이 비닐이 움직이거나 내용물을 움직이면서 애니메이션을 지정하여 효과적으로 발표할 수 있는 문서입니다.

학교에서 사진을 한 칸에 한 장씩 넣어서 연속해서 보여주던 아래의 그림을 떠올리면서 이해에 도움이 될 것입니다. 슬라이드는 영사되는 필름 한 장과 같습니다. 파워포인트는 필름에 사진과 글자 등을 넣어준 후 영사기로 보여주는 기능을 하는 것입니다.

■ 파워포인트 이외의 프리젠테이션 프로그램

프레지(Prezi)
전체적인 레이아웃을 보여준 후 줌인, 줌아웃, 회전등을 이용하여 각 개체간 전달력과 연계성을 청중들에게 정확히 전달하는 기능을 가지고 있습니다.

키노트(Keynote)
애플에서 사용되는 프리젠테이션 프로그램으로 매킨토시나 아이패드에서 동작합니다.

🖱 슬라이드 작성

01 파워포인트를 실행한 첫 화면의 슬라이드는 **제목슬라이드**입니다. 슬라이드의 제목 상자를 클릭한 후 ❶**정보화교육 2020**을 입력하고 부제목 상자에 ❷**2020년 6월 27 일**을 입력하고 [Enter] 를 친 후 발표자 이름으로 **발표자 : 오상열**을 입력합니다.

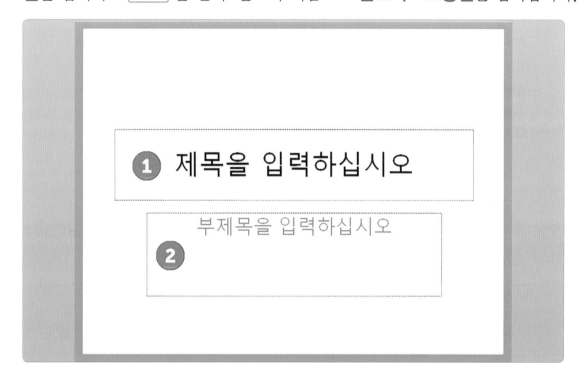

슬라이드 입력상자에 클릭을 하면 안내문구는 자동으로 사라지므로 곧바로 글자를 입력하면 됩니다.

02 슬라이드 문서를 저장하기 위해 **파일** 메뉴를 클릭한 후 **저장**을 차례대로 클릭합니다.

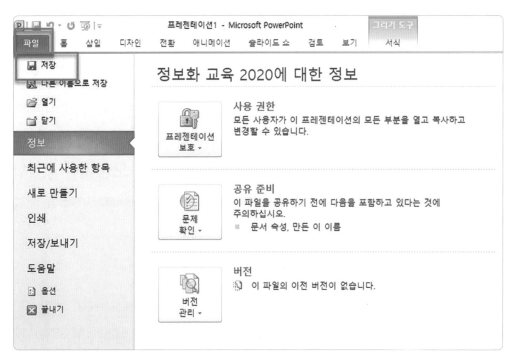

03 저장 장소는 ❶**바탕화면**을 클릭한 후 파일 이름 칸에 클릭한 후 ❷**저장연습**을 입력한 후 ❸**저장** 버튼을 클릭합니다.

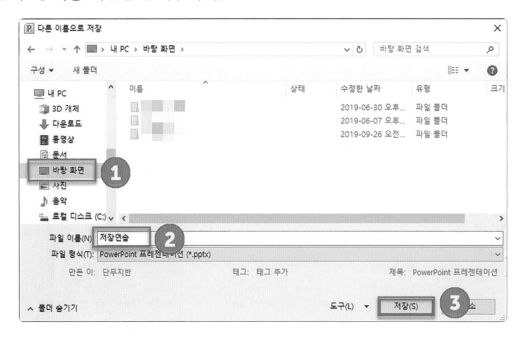

04 파워포인트를 끝낸 후 바탕화면에 저장된 파일을 찾아본 후 파일을 더블클릭해서 수정작업을 계속합니다.

🖱 새 슬라이드 만들기

01 슬라이드 작업중 다른 슬라이드 문서를 만들려면 ❶파일 메뉴를 클릭한 후 ❷새로
만들기를 클릭합니다.

02 새로 만들기를 클릭하면 오른쪽 창으로 서식파일 및 테마가 보이게 됩니다. 가장 오
른쪽에 있는 **만들기** 버튼을 클릭하면 새로운 슬라이드 문서가 보여지게 됩니다.

03 새로 만들기 한 슬라이드는 **닫기**를 클릭합니다.

🖱 달력 슬라이드 만들기

01 **파일 – 새로 만들기**를 클릭하면 서식 파일 및 테마가 나오는데 여기서 **달력**을 선택합니다.

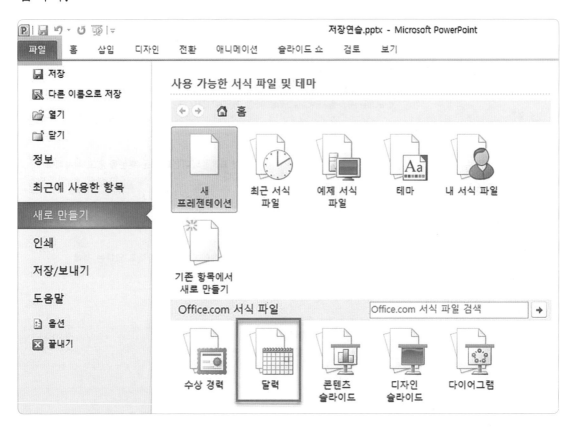

02 Office.com 서식 파일에서 원하는 달력형태를 선택한 후 오른쪽 화면에 보이는 **다운로드** 버튼을 클릭합니다. 화면에 다운로드를 받는 창이 잠깐 나왔다가 사라집니다.

03 달력이 각 월에 맞도록 슬라이드에 나왔습니다. 하지만 지금의 달력이 2020년에 맞지는 않으므로 많은 수정을 해야 합니다.

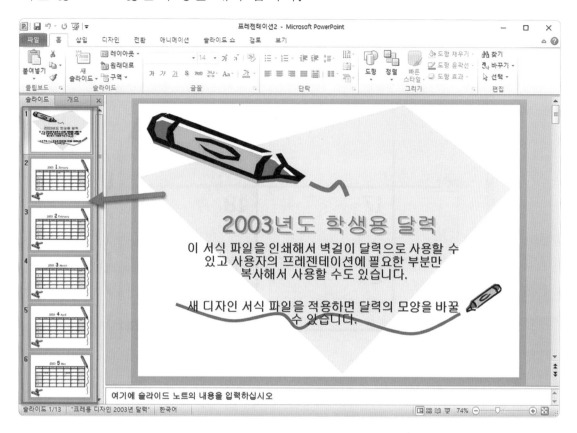

04 달력의 내용을 2020년으로 변경하기 위해 1번 슬라이드와 2번 슬라이드의 날짜를 변경해줍니다.

Sunday	Monday	Tuesday	Wednesday	Thursday	Friday	Saturday
			1 신정	2	3	4
5 12.3	6	7	8	9	10	11
12 12.10	13	14	15	16	17	18
19 12.17	20	21	22	23	24 설날연휴	25 설날
26 12.24	27 설날연휴	28	29	30	31	

05 25일이 설날이므로 25 뒤에 커서를 위치한 후 Enter 를 눌러서 ❶설날을 입력한 후 블록을 지정하고 ❷글자크기는 12로 글자색상은 빨강색으로 정합니다.

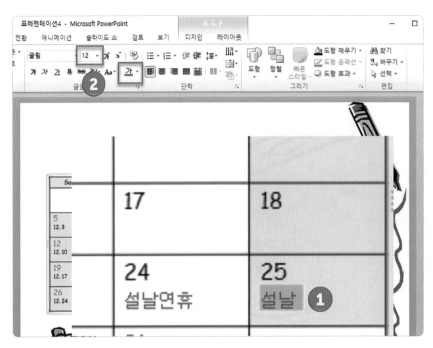

06 24일과 27일도 **설날연휴**를 입력한 후 글자크기는 12, 글자색상은 빨강색으로 정해 줍니다.

07 **파일** 메뉴를 클릭한 후 **다른 이름으로 저장하기**를 차례대로 클릭합니다.

08 저장할 위치는 **바탕 화면**을 클릭한 후 파일 이름으로 **2020년 달력**을 입력하고 **저 장** 버튼을 클릭합니다.

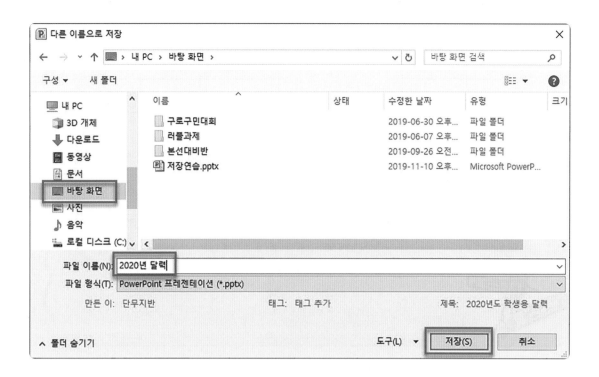

09 이렇게 달력의 내용을 수정해서 인쇄를 하면 탁상용 달력을 손쉽게 얻을 수 있게 됩니다. 5월달을 수정해 보도록 합니다.

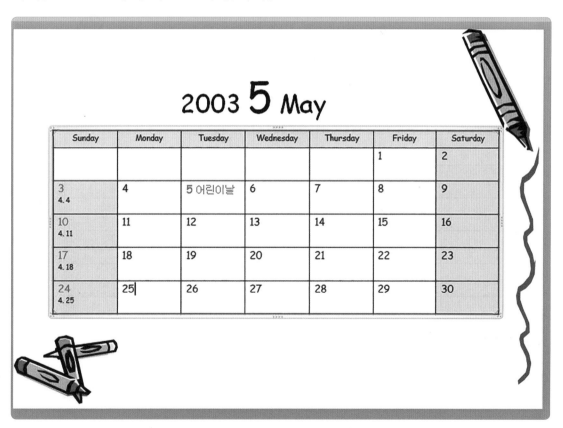

10 5월달은 31일까지 있는데 30일로 표가 꽉차버렸습니다. 이럴 때는 마지막줄에 마우스 오른쪽 단추를 클릭해서 **삽입 - 아래에 행 삽입**을 클릭합니다.

11 나머지 31일을 아래처럼 추가해서 넣은 후 나머지 칸에는 6월달의 날짜를 작은 글자로 넣어줍니다.

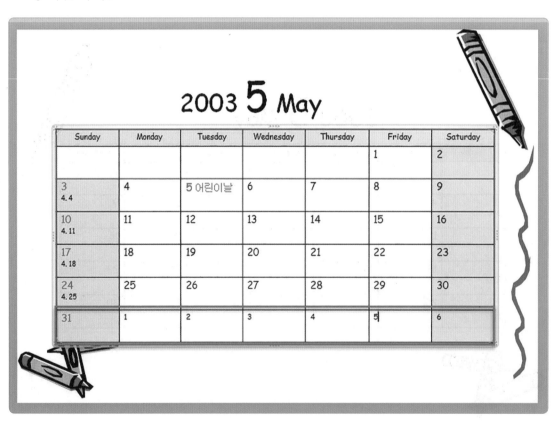

12 **파일 – 저장**을 차례대로 클릭해서 수정된 내용을 저장하도록 합니다. 파워포인트뿐 아니라 다른 프로그램을 사용할 때도 저장은 습관적으로 하는 것이 올바른 컴퓨터 사용방법입니다.

🖱 슬라이드 삽입과 삭제

01 앞에서 작업했던 바탕화면의 **저장연습.pptx** 파일을 불러온 후 **홈** 탭의 **새 슬라이드**를 클릭하면 **내용 슬라이드**가 추가됩니다.

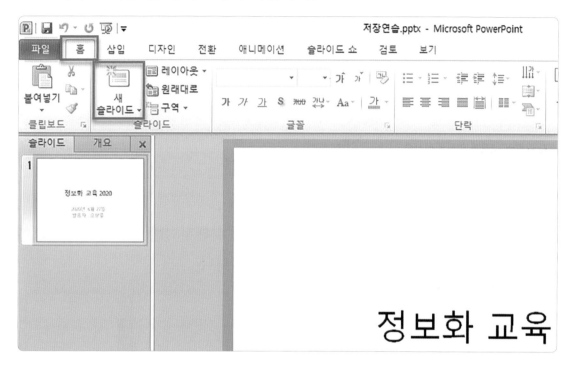

02 **슬라이드 및 개요** 창에서 슬라이드를 선택한 후 [Enter] 를 누르면 내용 슬라이드가 추가됩니다. [Enter] 를 눌러서 슬라이드를 20장을 추가해 주세요. 몇 장을 했는지 확인 하는 방법은 상태표시줄을 보면 확인할 수 있습니다.

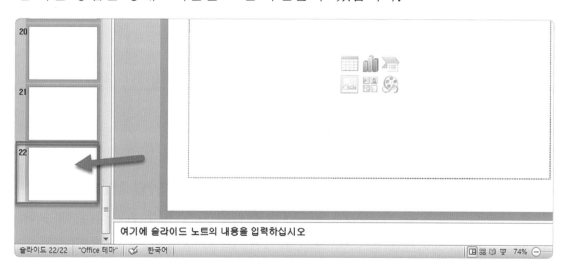

20장을 초과해서 만들었어도 [Delete] 키를 누르거나 [Back Space] 키를 눌러서 삭제할수 있습니다.

03 화면 하단의 상태표시줄에서 **여러 슬라이드 보기** 버튼을 클릭해서 한 화면에 슬라이드를 여러 개로 나타내도록 합니다.

04 3번 슬라이드와 10번 슬라이드 2개를 선택하기 위해서 3번 슬라이드에 클릭한 후 10번 슬라이드는 Ctrl 키를 누른 상태에서 클릭합니다.

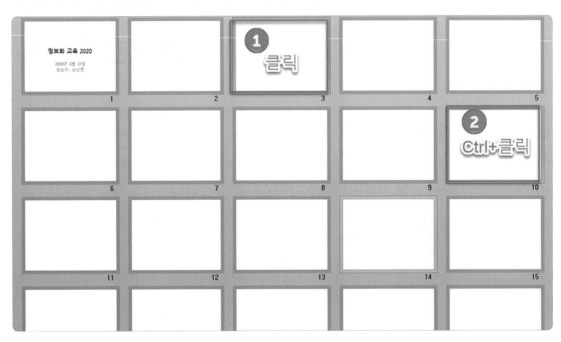

05 2번, 4번, 6번, 8번 슬라이드를 선택해 보도록 합니다. 이런 연습을 하는 것은 컴퓨터의 사용방법에 필수 기능이기 때문인데 컴퓨터는 찾기와 선택을 잘해야 하기 때문입니다. 2번 슬라이드를 클릭한 후 Ctrl 키를 누른 후 4번, 6번, 8번 슬라이드를 각각 선택해야 합니다.

06 다시 3번 슬라이드와 10번 슬라이드를 선택한 후 선택된 슬라이드중 한 슬라이드에 마우스 오른쪽 버튼을 눌러서 슬라이드 삭제를 누르면 2개의 **슬라이드가 삭제**됩니다.

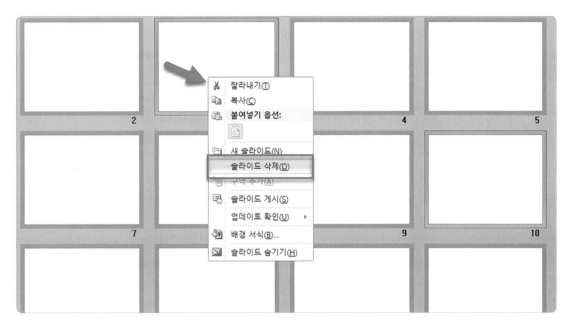

07 키보드에서 Ctrl + A 를 누르면 모든 슬라이드가 선택됩니다. 키보드 Delete 를 누르면 모든 슬라이드가 삭제되며, 마우스 오른쪽 단추를 클릭해서 **슬라이드 삭제**를 눌러도 동일합니다.

08 모든 슬라이드가 삭제되고 Enter 를 누르면 화면을 보는 방식이 기본슬라이드 보기로 전환됩니다.

09 현재 상황에서 슬라이드가 없기 때문에 리본 메뉴를 살펴보면 비활성화가 되어 있는 것이 많습니다. 슬라이드가 단 하나라도 있어야 메뉴가 활성화가 됩니다. Enter 를 눌러서 제목 슬라이드를 추가하도록 합니다.

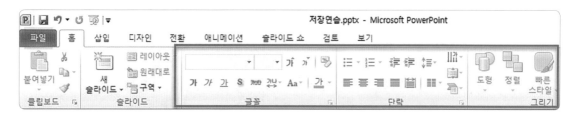

10 슬라이드가 있을 때는 아래와 같이 리본 메뉴가 활성화됩니다.

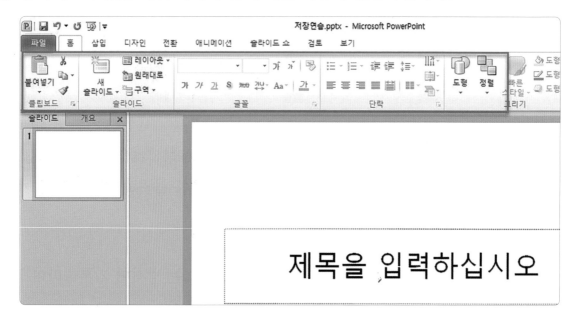

🖱 슬라이드 복제

01 **홈** 탭의 **레이아웃**을 클릭한 후 **빈 화면**을 선택합니다.

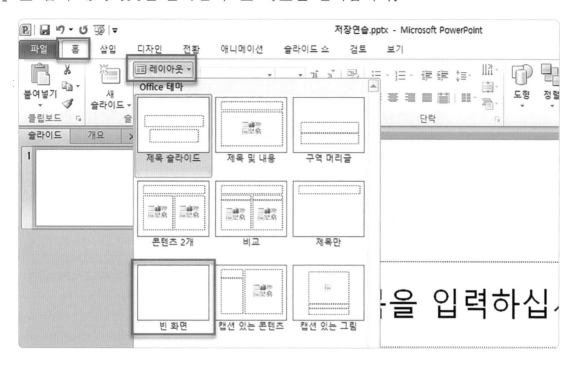

02 **슬라이드 및 개요창**에서 슬라이드를 선택한 후 [Ctrl] + [D]를 눌러서 슬라이드를 6개 복제하여 전체 7개의 슬라이드를 만들어 주세요. [Enter]를 눌러서 1번 슬라이드와 동일하게 추가를 할 수도 있습니다.

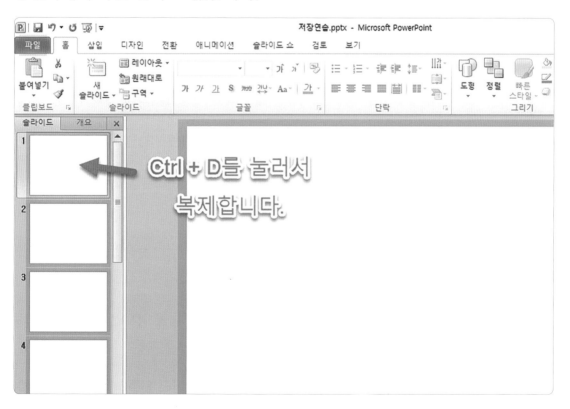

[Ctrl] + [D]의 복제기능은 자주 사용하는 기능이므로 외워둡시다.

🖱 파워포인트 용어 알아보기

마이크로소프트 파워포인트를 사용하기 위해 기본 용어를 알아봅니다.

프리젠테이션	:	'소개·발표·표현·제출'을 뜻하는 용어로, 많은 사람에게 효과적으로 메시지를 전달하고자 할 때 사용합니다.
슬라이드	:	하나하나의 화면이 독립된 내용을 가지고 있는 종이로서 사진이나 그림·도표 등으로 구성됩니다.
개체(Object)	:	주체에 반대되는 말로 슬라이드에 보여지는 내용물을 개체라고 합니다. 주체는 슬라이드가 되는 것입니다.
워드아트	:	문자에 입체·질감·형태 등 여러 가지 특수효과를 지정해 다양한 형태의 글씨를 만들 수 있는 기능을 말한다. 주로 표지 제목이나 헤드라인처럼 그래픽 효과를 주고자 하는 문자열에 사용합니다.
스마트아트	:	개체간 상호관계나 과정, 구조 등을 이해시키는 설명적인 그림으로 강력한 전달력을 위해서 의미를 빠르고 정확하게 알리고자 할 때 사용합니다.
갤러리	:	제작사에서 만들어둔 기능을 이미지로 보여주고 적용하면 어떤 결과를 얻을 수 있는지를 미리 보여주는 목록을 말합니다.
애니메이션	:	움직이는 이미지를 의미하며 슬라이드에서 강조해야할 개체에 적용해서 전달력을 높이기 위한 기능입니다.
클립보드	:	슬라이드에 반복적으로 사용되는 개체를 복사하면 임시보관되는 장소를 클립보드라고 합니다.
하이퍼링크	:	마우스를 클릭해서 원하는 장소로 연결시키는 기능입니다.
테마	:	배경화면, 사운드, 글자체, 크기, 색상 등을 하나로 모아둔 것으로 배경화면에 어울리도록 만들어둔 것입니다.
슬라이드 마스터	:	여러 슬라이드를 일일이 수정하는 것보다 하나만 수정하면 모든 슬라이드가 수정되도록 만든 기능입니다.
유인물 마스터	:	슬라이드를 종이로 프린트해서 제공하는 기능을 디자인해 두는 기능으로 수정을 편하게 할 수 있습니다.
레이아웃	:	슬라이드 또는 슬라이드에 들어갈 구성을 미리 만들어둔 것을 모아놓아 편집을 편하게 돕는 기능입니다.

1. 도형 사용하기
2. 도형 그룹화
3. 도형 그룹해제
4. 도형 만들어보기

🔍 미리보기

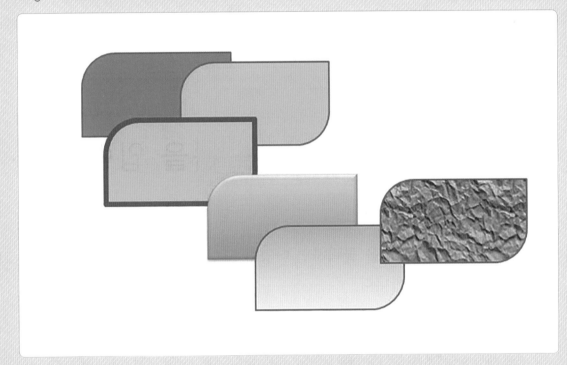

📝 이런 것을 배워요

❶ 시각화의 기본인 도형을 다루게 됩니다.

❷ 도형을 그룹으로 묶어서 관리합니다.

❸ 도해작업을 위한 준비과정을 알게 됩니다.

❹ 도형 복제와 회전을 알게 됩니다.

🖱 도형 삽입하기

01 파워포인트를 실행한 후 **홈** 탭에서 **레이아웃**을 **빈 화면**으로 설정합니다.

02 **삽입** 탭을 선택한 후 **도형**을 클릭하면 다양한 도형들이 그룹으로 나열되는데, 그 중에서 **직사각형**을 선택합니다.

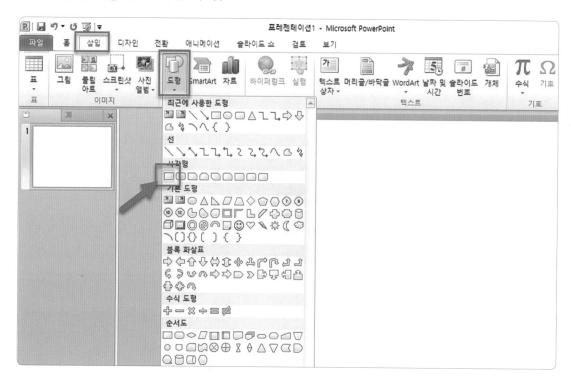

03 슬라이드에 마우스포인터가 + 모양일 때 드래그를 하면 선택한 도형을 그릴 수가 있습니다. 대략 가로, 세로 2cm정도 크기로 마우스를 드래그해서 그려줍니다.

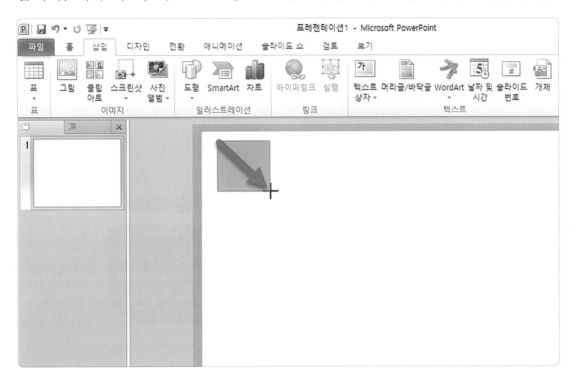

04 동일한 방법을 이용하여 슬라이드에 여러 도형을 그려줍니다. Shift 를 누른 상태에서 드래그를 하면 가로, 세로의 길이가 같은 모양으로 그려주게 됩니다. Ctrl 을 누른 상태에서 드래그를 하면 가운데에서 밖으로 도형 크기가 정해지게 됩니다.

🖱 도형 꾸미기

01 1번 슬라이드를 클릭한 후 `Enter` 를 눌러서 새 슬라이드를 추가해 줍니다.

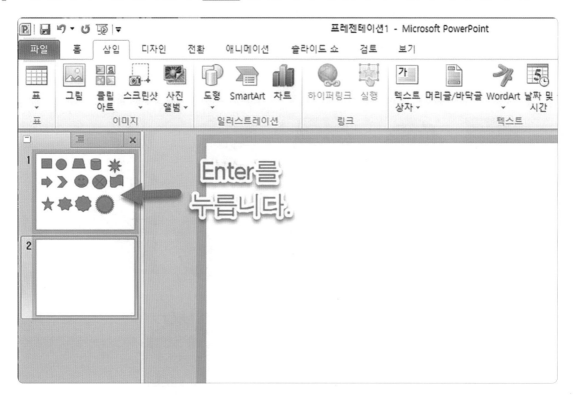

02 위와 같은 도형을 만들기 위해 **삽입 – 도형 – 대각선 방향의 모서리가 둥근 사각형**을 선택합니다.

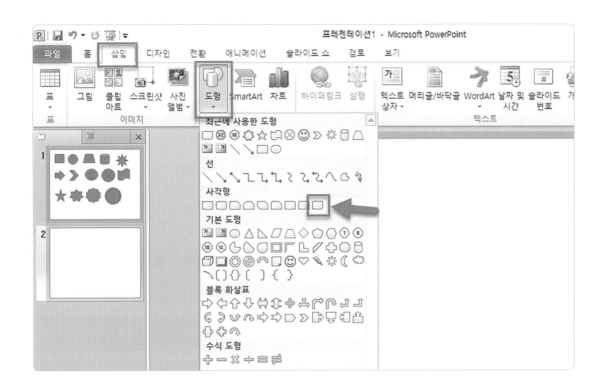

03 슬라이드에 마우스포인터가 +인 상태에서 드래그해서 그려줍니다. 그려준 후 노란
색의 **마름모 조절점**을 드래그해서 모양을 변형합니다.

04 도형을 선택한 상태에서 Ctrl + D 를 눌러 도형을 복제한 후 아래와 같은 위치로 이동합니다.

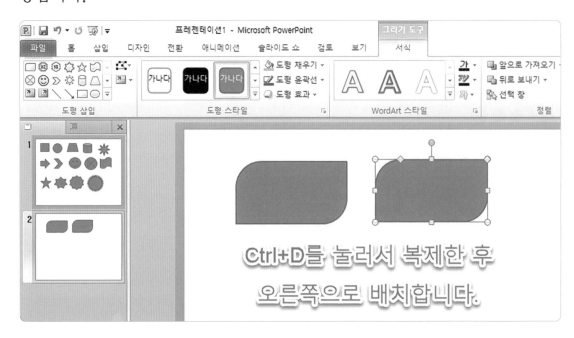

05 복제된 오른쪽 도형을 선택한 후 **서식 – 도형 채우기** 버튼을 클릭한 후 **주황색**을 선택합니다.

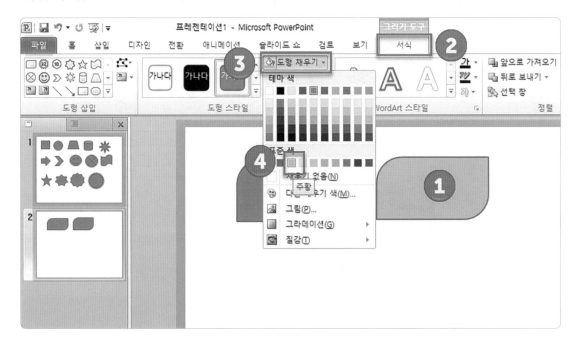

06 2개의 도형을 마우스로 드래그해서 선택합니다.

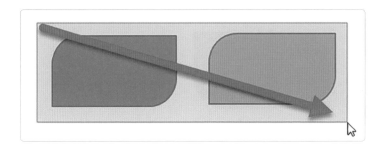

07 Ctrl + D 를 눌러서 복제한 후 아래와 같이 이동시킨 후 다시 Ctrl + D 를 눌러서
도형을 복제합니다.

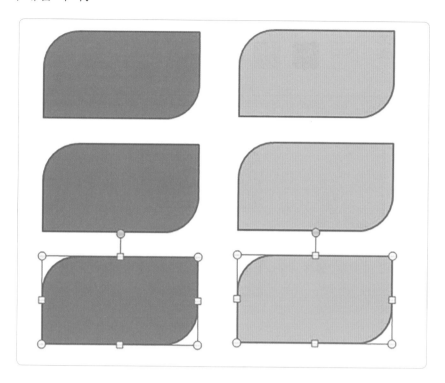

08 세 번째 도형을 클릭한 후 **도형 채우기를 주황색**으로 변경한 후 **도형 윤곽선을 보
라색**으로 선택한 후 다시 **도형 윤곽선**을 클릭해서 **두께는 6pt**로 변경합니다.

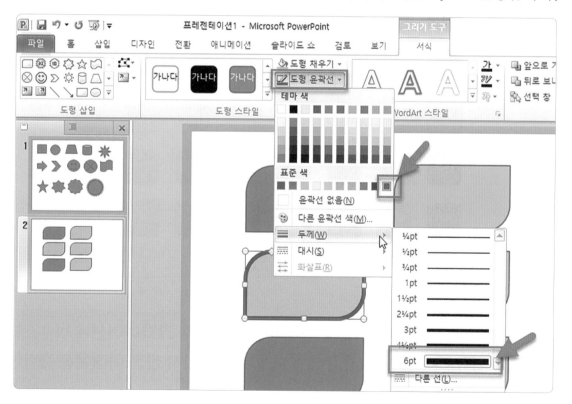

09 네 번째 도형을 선택한 후 **서식 – 도형스타일**의 **자세히** 버튼을 클릭합니다.

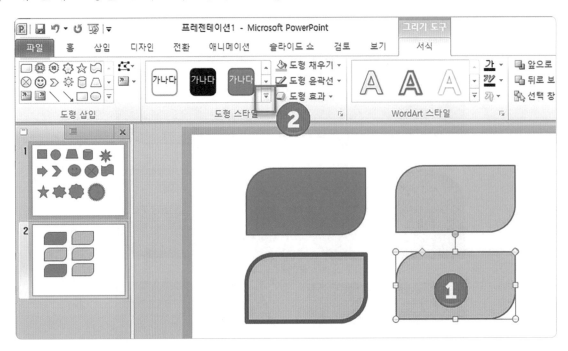

10 갤러리에서 **강한효과–황록색, 강조3**을 선택합니다.

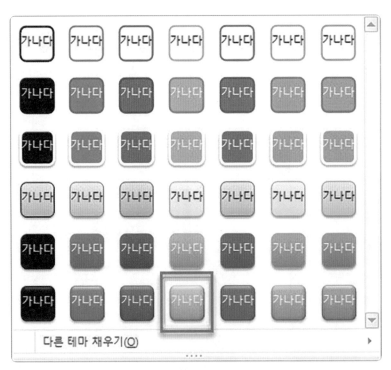

11 다섯번 째 도형을 선택한 후 **도형 채우기**를 클릭한 후 **그라데이션**에 마우스를 올려 놓으면 오른쪽으로 그라데이션 종류가 나옵니다. 여기서 **선형 아래쪽**을 클릭합니다.

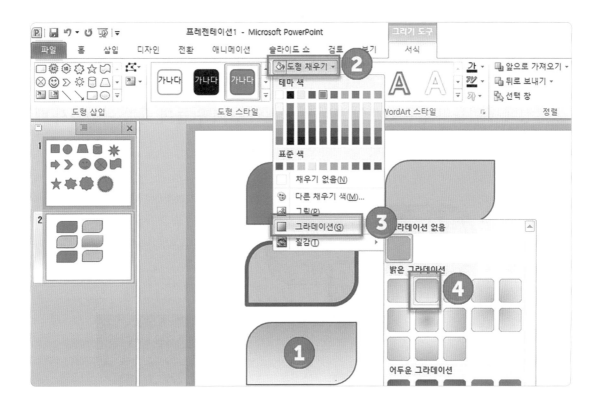

12 여섯번 째 도형을 선택한 후 **도형 채우기**를 클릭한 후 **질감**에 마우스를 올려 놓으면
오른쪽으로 질감 종류가 나옵니다. 여기서 **종이 가방**을 클릭합니다.

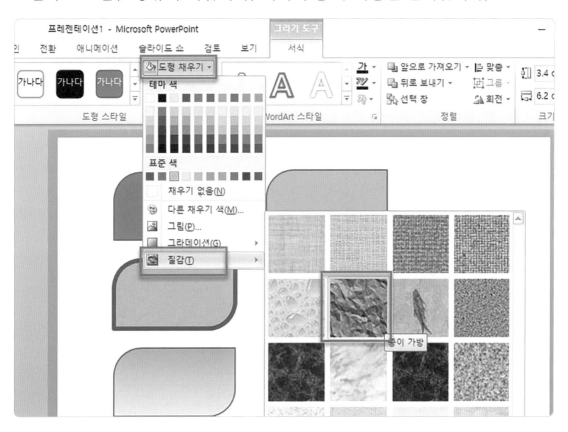

01 앞 과정에서 만들어 놓은 6개의 도형을 아래와 같이 만들어 각각 이동해서 배치시킵니다.

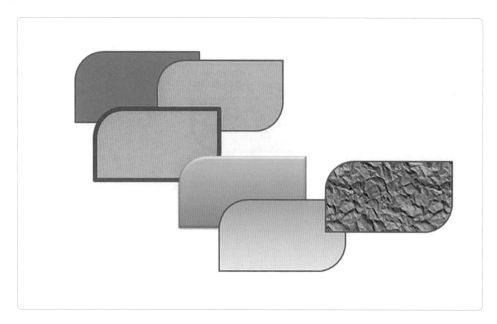

02 어떤 도형을 먼저 이동 시키더라도 겹쳐지는 부분은 위와 동일하게 됩니다. 이유는 그려진 순서대로 겹쳐지기 때문인데 나중에 다시 다루게 될 것입니다. 일단 6개의 도형을 모두 선택합니다.

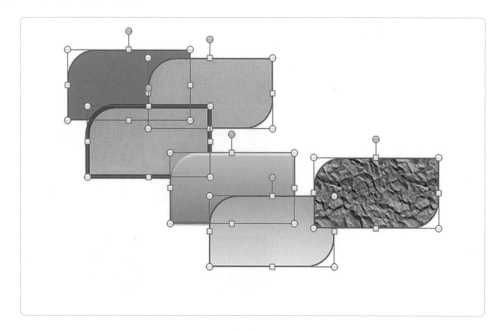

03 선택된 도형 위에 마우스를 올려놓은 후 마우스 오른쪽 단추를 클릭해서 **그룹 – 그룹**을 클릭합니다.

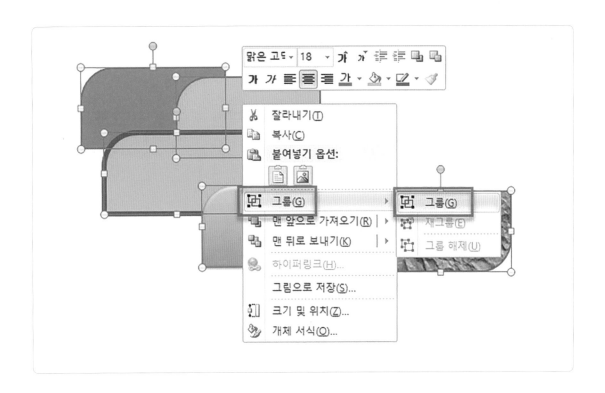

04 6개의 도형을 한 개의 도형그룹으로 묶어 놓았기 때문에 이동할 때나 복사할 때도 편하게 작업할 수 있습니다.

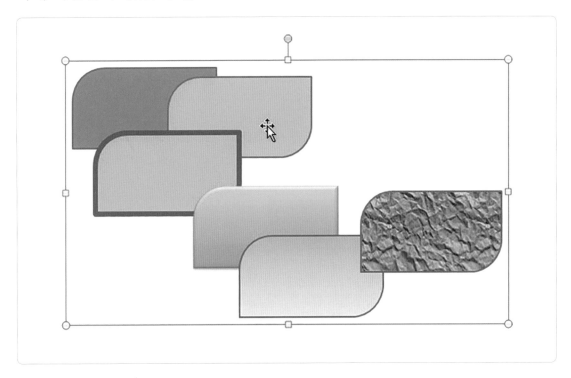

05 그룹화된 도형을 Ctrl + D 를 눌러서 복제한 후 복제된 그룹에서 종이 상자만 선택해서 Delete 키로 지우기를 해 봅니다.

06 첫번째 그룹에서 그라디언트 도형만 선택해서 Delete 키를 눌러서 제거해 봅니다.

01 앞의 그룹화된 도형에 마우스 오른쪽 단추를 클릭한 후 **그룹 – 그룹 해제**를 클릭합니다.

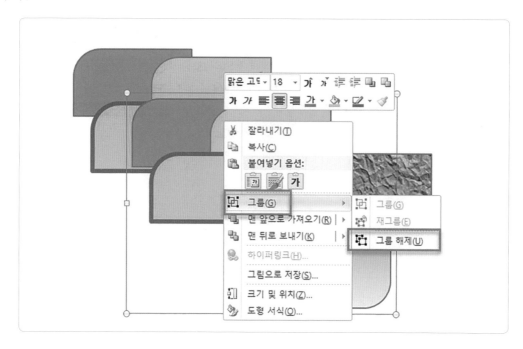

02 그룹을 해제한 후에는 반드시 **슬라이드의 빈 곳을 클릭**해서 해제된 도형은 선택을 하지 않은 상태로 보이도록 해야 합니다.

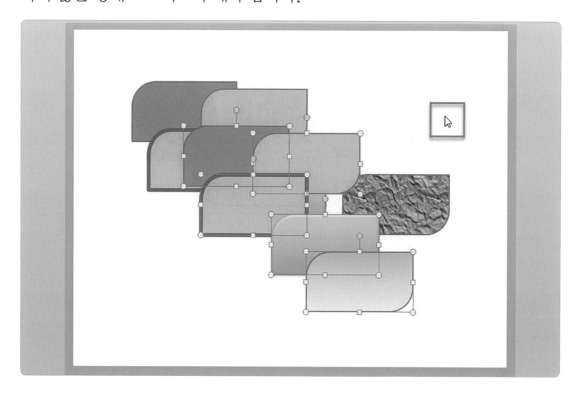

03 나머지 그룹으로 만든 도형도 그룹을 해제해 줍니다.

01 파랑, 빨강, 주황, 황녹색으로 화살표를 그려서 배치한 후 각 도형마다 윤곽선 없음을 적용한 후 그룹으로 묶어 줍니다.

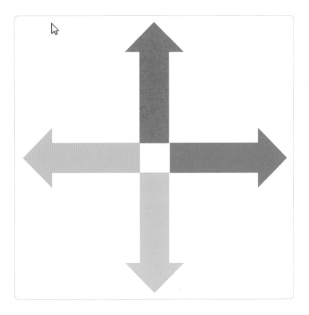

02 그룹으로 묶인 도형을 Ctrl + D 를 눌러서 복제한 후 아래와 같이 회전시켜서 만들어 줍니다. 이때 회전하는 방법은 아래의 그림에서 가리키는 곳에 마우스를 올려놓고 드래그를 하되 Shift 를 누른 상태에서 회전을 하면 15도 각도로 회전을 합니다.

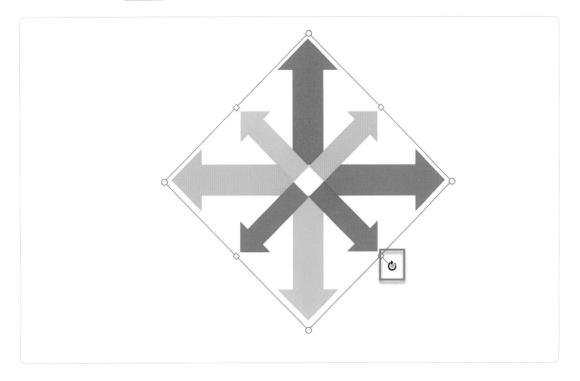

CHAPTER
03 ▶ 슬라이드 만들기

1. 슬라이드에 사진 넣기   2. 도형에 사진 넣기
3. 슬라이드 쇼

🔍 미리보기

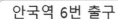

안국역 6번 출구

☆ 00:01   3

인사동 입구

☆ 00:01   4

인사동 입구

☆ 00:01   5

인사동 거리

☆ 00:01   6

📝 이런 것을 배워요

❶ 슬라이드에 사진 넣기를 알게 됩니다.

❷ 도형에 사진을 넣는 방법을 배우게 됩니다.

❸ 슬라이드 쇼를 사용하게 됩니다.

01 파워포인트를 실행한 후 제목 슬라이드의 제목에 **인사동 앨범**을 입력합니다.

02 부제목에는 **2020.10.20**을 입력하도록 합니다. 날짜는 임의로 입력하도록 합니다.

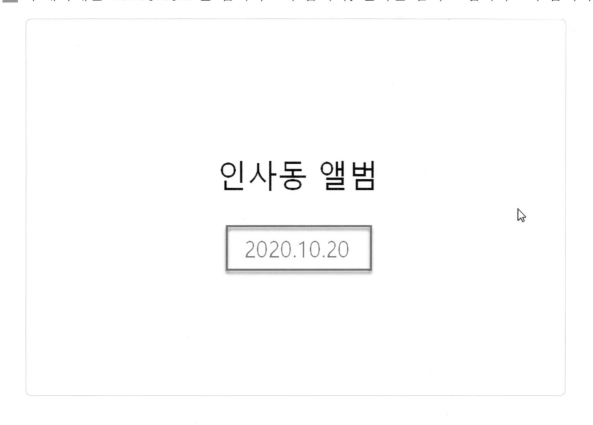

03 홈 탭에서 **새 슬라이드**를 클릭해서 **제목 및 내용** 슬라이드가 추가되도록 작업합니다.

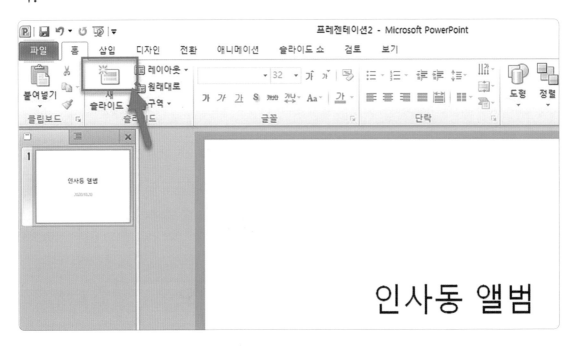

04 제목 및 내용을 입력하는 슬라이드에서 제목에 클릭한 후 **인사동 가기**를 입력합니다. 제목은 기본적으로 가운데 맞춤이 되어 있으므로 내용을 입력한 후 왼쪽 맞춤으로 변경해 줍니다.

05 슬라이드의 제목에 해당하는 글자를 입력한 후 왼쪽 맞춤을 해줍니다.

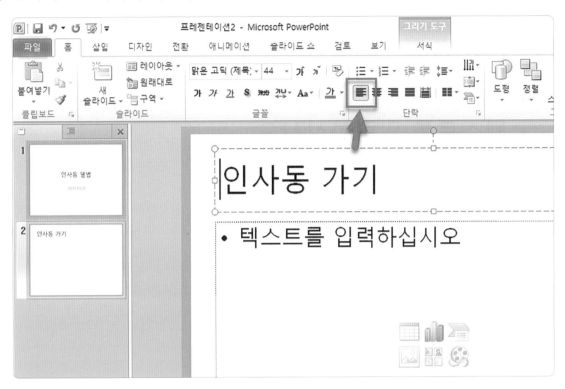

06 인사동 가기라는 제목 앞에 기호가 들어가면 좋을 것 같습니다. 자음 ㅁ을 입력한 후 키보드의 한자키를 눌러서 기호를 확장합니다.

07 기호가 나오면 원하는 기호를 선택합니다. 여기서는 ♥를 넣어서 작업합니다.

08 슬라이드에서 내용 칸에 있는 그림을 클릭합니다.

09 본 책의 자료를 다운로드한 폴더(파워포인트기초)로 이동하여 **001.jpg**를 선택한 후 **삽입** 버튼을 클릭합니다. 자료 다운로드 방법은 6쪽을 참고합니다.

10 내용 칸에 사진이 크기에 맞춰 삽입이 되었습니다. 내용 칸에는 사진 뿐 아니라 클립 아트, 표, 스마트아트, 차트, 미디어를 넣을 수도 있습니다.

11 제목 칸의 뒤에 글자를 삽입하기 위해 클릭을 합니다. 마우스 포인터가 I 로 되었을 때 클릭해서 글자를 입력하면 됩니다.

12 커서가 나오면 **(안국역 6번출구)**를 입력합니다. 이때 글자를 모두 입력했다고 Enter 를 누르면 안됩니다.

13 홈 탭에서 새 슬라이드를 클릭한 후 위와 동일한 방법으로 002.jpg 사진을 추가합니다.

14 스마트폰으로 촬영해서 컴퓨터에 가져오면 사진이 왼쪽으로 90도 회전되어서 나타나게 됩니다. 사진을 클릭한 뒤 정렬 그룹의 회전버튼을 클릭하고 **오른쪽으로 90도 회전**을 선택합니다.

15 사진의 크기를 슬라이드에 들어오도록 잘라내기 위해 크기 그룹의 **자르기** 버튼을 클릭하면 아래처럼 Crop형태로 조절점이 변합니다.

16 크롭 조절점에서 위와 아래를 드래그해서 불필요한 영역을 자르기 하도록 합니다. 자르기는 그래픽을 다루는 작업에서 필수 기능이므로 파워포인트에서 연습을 많이 해 두도록 합니다.

17 자르기를 모두 끝냈으면 리본 메뉴에서 자르기를 다시 클릭하거나 키보드에서 Esc 키를 누릅니다. 잘려진 그림을 왼쪽으로 이동시킵니다.

18 이미지가 선택된 상태에서 Ctrl + D 를 눌러서 복제를 한 후 아래처럼 좌우로 배치합니다.

19 왼쪽 그림을 선택한 후 **그림 스타일**의 **자세히** 버튼을 클릭해서 그림 스타일 갤러리를 봅니다.

20 갤러리에서 **부드러운 가장자리 타원**을 클릭합니다. 갤러리에서 종류에 마우스를 올려 놓으면 어떻게 적용되는지 보입니다.

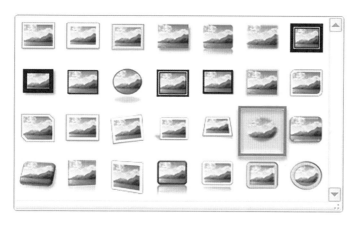

아래와 같이 두 사진을 변경하도록 합니다.

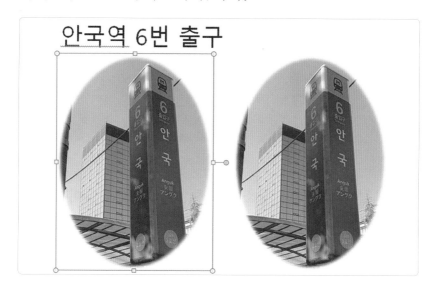

21 왼쪽 사진을 클릭한 후 서식에서 **색**을 클릭한 후 다시 칠하기의 **회색조**를 선택해서 오래된 사진으로 변경해 줍니다.

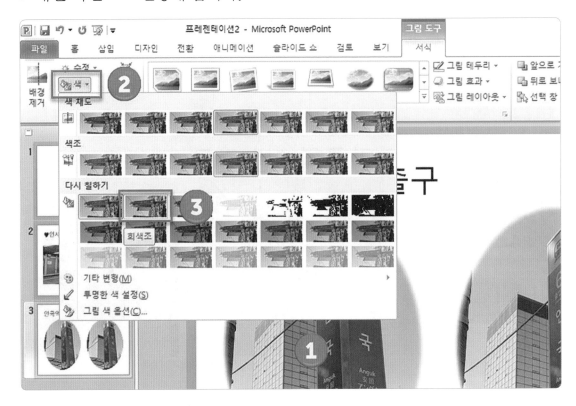

22 오른쪽 사진을 선택한 후 **꾸밈 효과**에서 **네온 가장자리**를 선택해서 어두운 분위기 의 사진으로 변경합니다.

23 **파일 - 저장**을 클릭해서 저장장소는 **바탕화면**으로 파일이름은 **인사동앨범**이라고 입력한 후 저장 버튼을 클릭합니다.

01 **인사동앨범.pptx** 파일에서 계속 작업합니다. **홈** 탭에서 **새 슬라이드**를 클릭합니다.

02 **홈** 탭에서 **레이아웃**을 클릭한 후 **제목만**을 클릭해서 슬라이드의 레이아웃을 변경합니다.

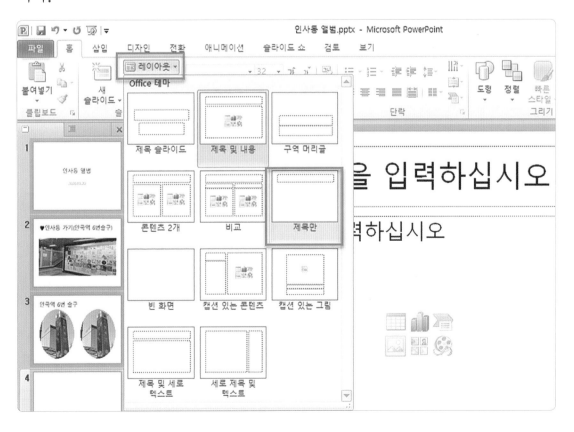

03 제목에 **인사동 입구**를 입력한 후 아래와 같이 5각형과 종이모양을 찾아서 그려줍니다.

04 **5각형 도형**을 더블클릭한 후 서식 메뉴에서 **도형 채우기 – 그림**을 클릭합니다.

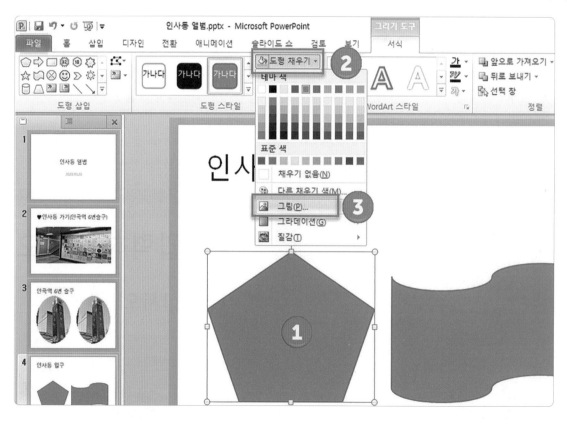

05 다운로드한 예제 폴더(파워포인트기초)에서 **003.jpg**를 선택한 후 삽입 버튼을 클릭합니다.

06 **도형 효과**를 클릭해서 **그림자**에 마우스를 올려놓은 후 원근감 두번 째인 **원근감 대각선 오른쪽 위**를 클릭합니다.

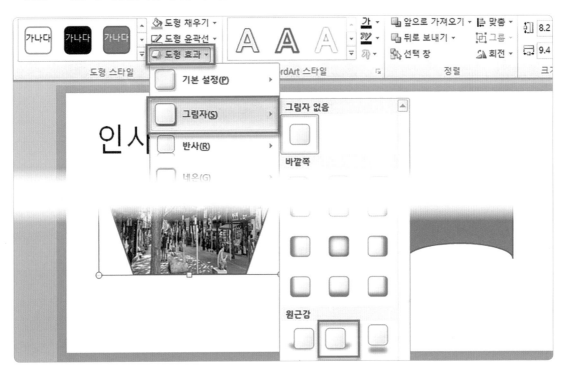

07 오른쪽 종이모양의 도형을 클릭한 후 **서식** 탭에서 **도형채우기 - 그림**을 클릭해서 **004.jpg**를 넣어준 후 다시 **도형 효과**를 클릭해서 **그림자**에 마우스를 올려놓은 후 원근감 첫번째인 **원근감 대각선 왼쪽 위**를 클릭합니다.

08 슬라이드4를 클릭한 후 [Ctrl] + [D] 를 눌러 슬라이드를 복제합니다.

09 슬라이드 5를 클릭한 후 왼쪽의 도형을 더블클릭합니다.

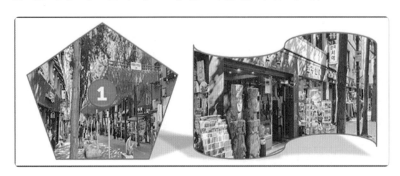

10 아래와 같이 이미 만들어진 도형을 변경할 수 있습니다. **도형 모양 변경**을 클릭한 후 **눈물 방울**을 클릭합니다.

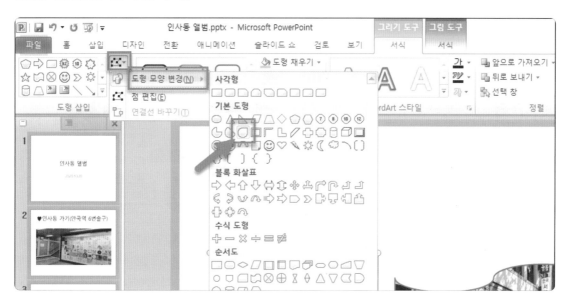

11 눈물 방울에 적용된 사진을 변경하기 위해 **도형 채우기**를 클릭한 후 **그림**을 클릭합니다.

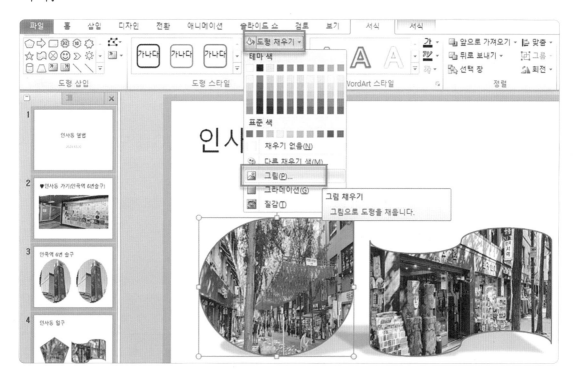

12 다운로드한 예제 폴더(파워포인트기초)에서 **005.jpg**를 선택한 후 삽입을 클릭해서 사진을 변경합니다.

13 오른쪽 도형도 눈물 방울로 변경한 후 **006.jpg**로 사진을 변경해서 적용합니다.

14 오른쪽 도형을 선택한 상태에서 **회전**을 선택한 후 **좌우 대칭**을 클릭해서 아래의 그림과 같이 좌우가 마주보도록 작업을 합니다. 아래와 같은 메뉴가 나오지 않으면 **그리기 도구 - 서식**을 차례대로 클릭한 후 작업을 진행합니다.

15 슬라이드 5번을 복제한 후 아래처럼 007.JPG와 008.JPG를 도형 속에 변경시켜서 작업해 줍니다.

🖱 화면 전환 효과주기

01 슬라이드 2번을 선택한 후 **전환** 탭을 클릭해서 **밀어내기** 효과를 클릭합니다.

02 밀어내기 효과가 적용되었는데 아래에서 위로 밀어내는 효과가 적용되었는데 **효과 옵션**을 클릭해서 **오른쪽에서**를 선택합니다.

03 현재는 슬라이드2번에만 화면전환 효과가 적용됩니다. **마우스를 클릭할 때**를 체크 해제한 후 **다음 시간 후**를 1초로 변경한 후 **모두 적용** 버튼을 클릭합니다.

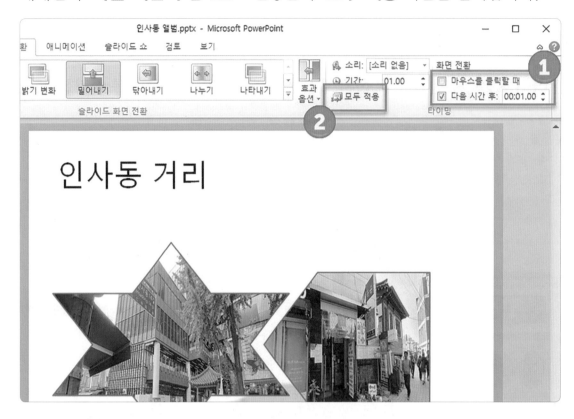

04 **슬라이드 쇼** 탭을 클릭한 후 **처음부터** 버튼을 클릭해서 슬라이드 쇼를 진행하는 과정 을 살펴봅니다. 슬라이드 쇼가 끝나면 Esc 키를 눌러서 편집화면으로 되돌아갑니다.

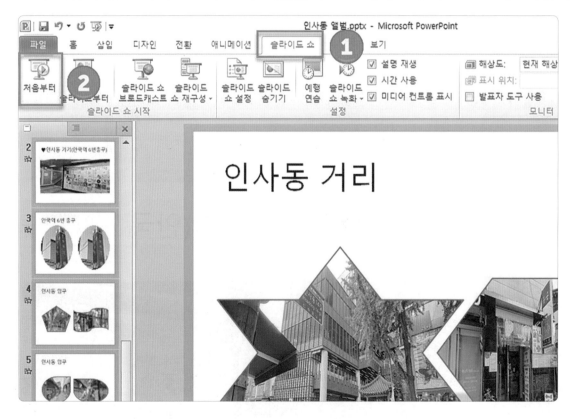

CHAPTER
04 ▶ 사진 앨범 만들기

1. 사진 앨범 만들기
2. 디자인 테마 적용하기
3. 화면 전환 효과
4. 슬라이드 쇼 연습

🔍 미리보기

📝 이런 것을 배워요

❶ 슬라이드 앨범 만들기를 쉽게 만들게 됩니다.

❷ 디자인 서식을 적용해서 슬라이드를 만듭니다.

❸ 다양한 화면 전환 효과를 알게 됩니다.

❹ 슬라이드 예행연습으로 자동전환을 하게 됩니다.

01 파일 – 닫기를 차례대로 클릭해서 슬라이드가 없도록 합니다.

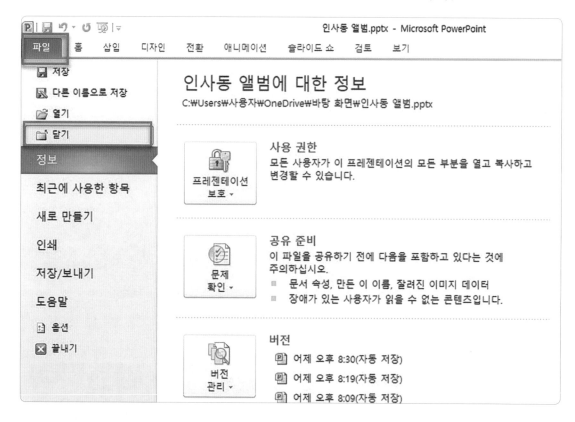

02 ❶삽입 탭을 클릭한 후 이미지 그룹의 ❷사진 앨범 버튼을 클릭하면 대화상자가 나옵니다. ❸파일/디스크 버튼을 클릭합니다.

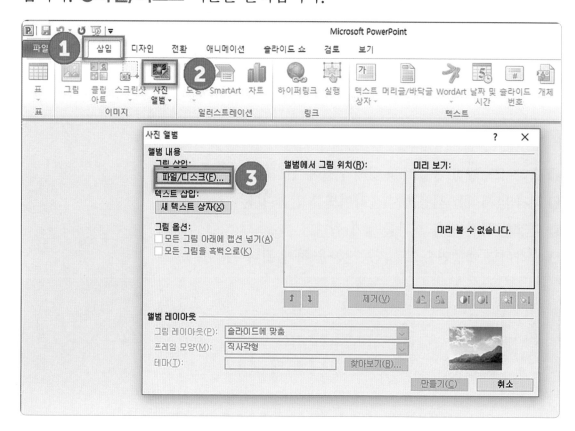

03 사진 앨범에 넣을 첫 번째 사진을 클릭한 후 마지막 사진을 Shift + 클릭을 합니다. 여기서는 003.jpg을 클릭한 후 028.jpg를 Shift + 클릭합니다.

04 앨범 레이아웃 그룹에서 **그림 레이아웃**을 **그림 2개**로 변경한 후 **프레임 모양**은 **모서리가 둥근 직사각형**으로 선택한 후 **만들기** 버튼을 클릭합니다.

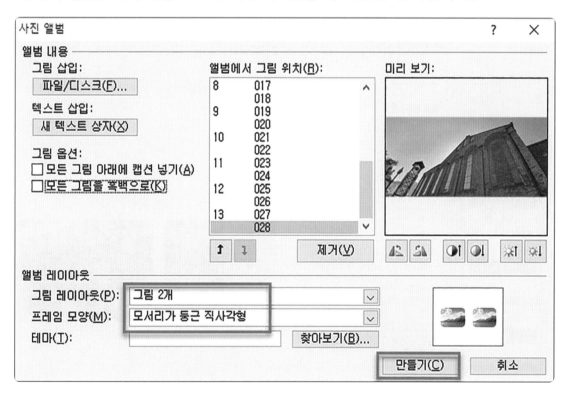

05 사진을 많이 선택하면 시간이 오래 걸리므로 잠깐 기다리면 됩니다. 첫번째 슬라이드에는 제목 슬라이드가 나옵니다.

06 제목 슬라이드의 내용을 아래처럼 변경해 줍니다.

인사동 여행앨범

2020. 10. 20

07 슬라이드 2번부터 마지막 슬라이드까지 선택한 후 **레이아웃**을 **제목만**으로 변경합니다.

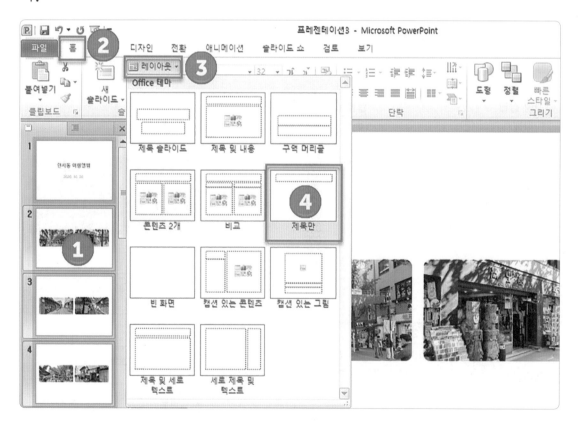

08 모든 슬라이드에 제목상자가 나타나게 됩니다. 슬라이드 제목상자에 제목을 각각 입력해 주도록 합니다.

🖱 디자인 테마

01 **디자인** 탭을 클릭한 후 테마 그룹상자에서 **고려청자**를 클릭하면 아래와 같이 디자인이 적용됩니다.

02 테마의 **색** 버튼을 클릭해서 **종이**를 선택하면 테마 색이 변경됩니다. 다른 것도 클릭해서 확인해 봅니다.

03 테마에서 **글꼴**을 클릭한 후 **Hy엽서L체**를 선택해 줍니다. 슬라이드의 전체에 적용된 테마이기 때문에 모든 슬라이드의 글꼴에 적용됩니다. 테마의 장점은 수정 작업이 빠르게 되는 것입니다.

04 디자인 탭의 배경 그룹에서 **배경 스타일** 버튼을 클릭한 후 **스타일11**을 선택합니다.

🖱 배경 서식

01 이번 과정은 테마의 배경 스타일을 이용하지 않고 가지고 있는 이미지를 배경으로 적용하도록 합니다. 슬라이드 1번에서 마우스 오른쪽 단추를 클릭한 후 **배경 서식**을 선택합니다.

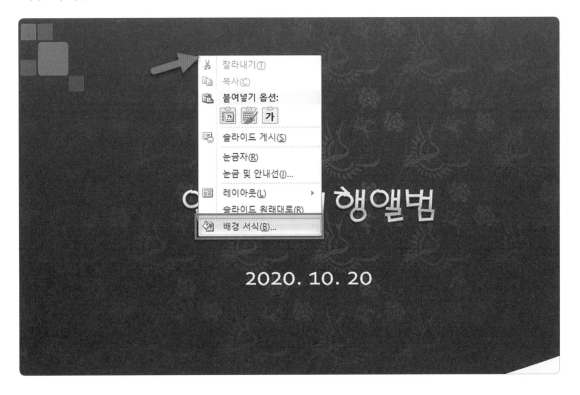

02 배경 서식 대화상자가 나오면 **파일** 버튼을 클릭합니다.

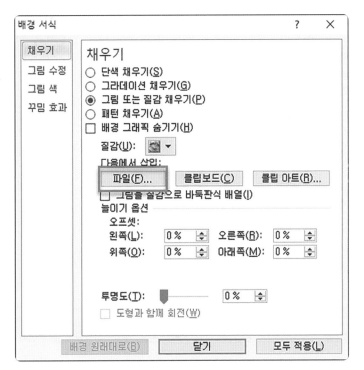

03 예제로 제공된 사진 중 배경으로 사용할 이미지를 선택하면 되는데 배경으로 사용할 이미지를 **033.jpg**로 선택하도록 합니다.

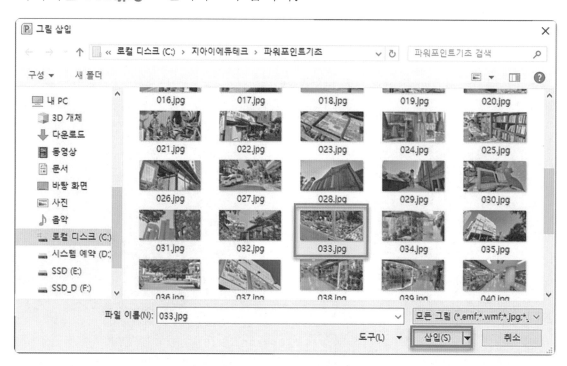

04 배경 서식으로 이미지를 선택하면 아래와 같이 원본 그림이 들어가게 되어 글자가 잘 안보일 수도 있습니다. **투명도**를 적당하게 조절한 후 **모두 적용** 버튼을 클릭합니다.

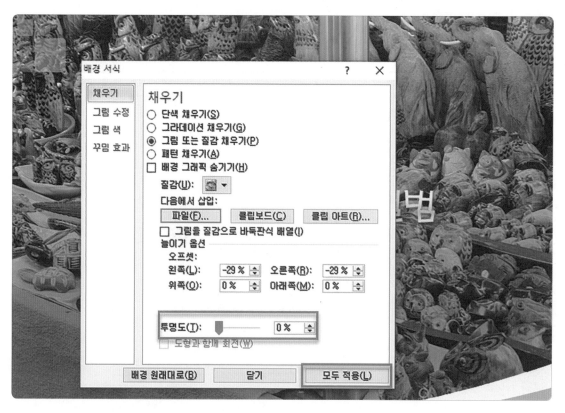

05 투명도를 80%로 적용한 상태입니다. **닫기** 버튼을 클릭해서 대화상자를 닫아줍니다.

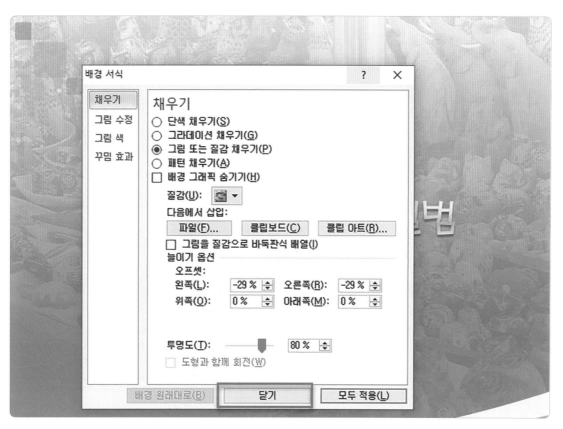

06 슬라이드 2번에서 왼쪽 이미지를 선택한 후 **서식 – 그림 스타일 – 대각선 방향의 모서리 잘림, 흰색**을 차례대로 선택합니다.

07 **그림 스타일**을 다른 이미지에도 적용하기 위해서 스타일이 적용된 그림을 선택한 후 **홈** 탭에서 **서식 복사**를 클릭합니다.

08 오른쪽 이미지에 마우스를 올려 놓으면 마우스 포인트가 페인트 브러시로 변경된 것을 알 수가 있습니다. 클릭을 하면 서식이 그대로 복사됩니다.

09 이번에는 서식 복사를 여러 슬라이드를 바꿔가면서 계속해서 적용하기 위해서 Esc 키를 눌러서 서식 복사 기능을 해제합니다.

10 그림을 클릭한 후 **서식 복사**를 **더블클릭**합니다.

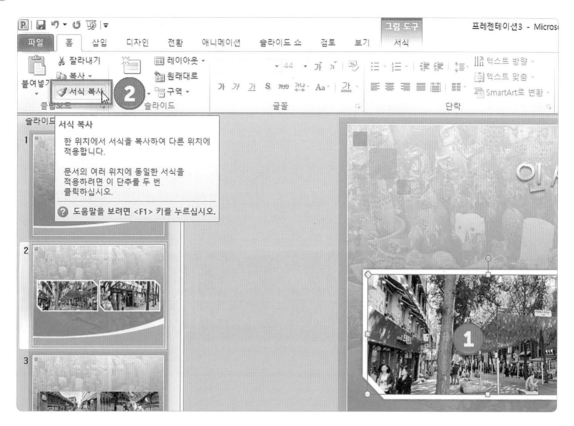

11 서식을 적용할 슬라이드 3을 선택한 후 사진을 클릭하면서 서식을 계속해서 적용해 봅니다. 슬라이드 4를 선택한 후 사진에 클릭을 해서 계속 서식을 적용합니다.

01 **전환** 탭을 클릭한 후 슬라이드 화면 전환에서 **갤러리**를 선택합니다. 자세히 버튼을 클릭해서 선택할 수 있습니다.

02 타이밍 그룹에서 **마우스를 클릭할 때**를 체크해제한 후 **다음 시간 후**를 1초로 변경한 후 **모두 적용** 버튼을 클릭합니다.

03 화면 전환이 적용된 슬라이드는 아래 그림처럼 슬라이드 번호아래에 별표가 붙어있습니다.

04 슬라이드 쇼 탭을 클릭한 후 **처음부터**를 선택합니다. 슬라이드 쇼가 모두 끝나면 **파일 - 저장**을 클릭해서 바탕화면에 **인사동 사진앨범.pptx**로 저장합니다.

🖱 화면 전환

01 앞에서 작업한 **인사동 사진앨범.pptx** 파일을 열어준 후 **슬라이드 쇼 – 예행 연습**
을 차례대로 클릭합니다.

02 슬라이드 쇼가 진행되면 아래와 같이 타이머가 진행됩니다. 슬라이드 마다 프레젠테
이션의 멘트를 남기면서 예행 연습을 하면 됩니다. 다음 슬라이드를 눌러서 멘트를
연습하도록 합니다.

03 슬라이드 쇼를 마치거나 Esc 키를 눌러서 중단할 경우 아래와 같이 대화상자가 나오면 예행 연습한 시간을 각 슬라이드에 적용하려면 **예** 버튼을 클릭하고 무시하고 전환효과에 적용된 시간을 적용하려면 **아니요**를 클릭합니다.

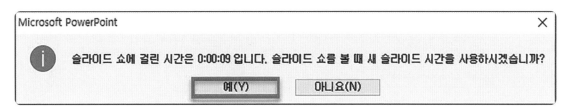

04 **예**를 클릭했을 경우 아래와 같이 슬라이드 하단에 예행연습에 적용했던 유지시간이 보이게 됩니다.

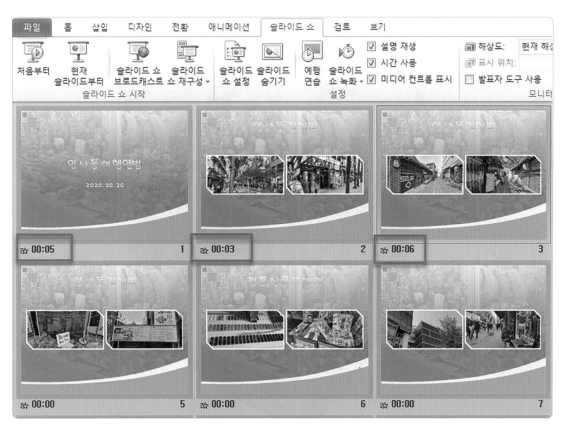

05 슬라이드 쇼를 하게 되면 예행연습에 적용한 시간이 지나면 다음 슬라이드가 나오게 됩니다. 슬라이드 쇼를 진행할 때는 키보드 F5 를 눌러서 바로 쇼를 볼 수 있습니다. **파일 – 저장**을 클릭해서 완성된 파일을 저장하도록 합니다.

05 ▶ 도형/워드아트 사진 넣기

1. 웹 사진으로 도형 채우기　　　　2. 워드아트에 사진 넣기

 미리보기

📝 이런 것을 배워요

❶ 웹에서 사진을 다운로드하게 됩니다.

❷ 도형에 사진을 다양한 효과로 적용할 수 있습니다.

❸ 워드아트에 사진을 배경으로 넣을 수 있습니다.

🖱 구글 검색하기

01 Internet Explorer(🧭)를 실행한 후 구글 사이트로 이동합니다.

02 **강아지**를 입력한 후 검색된 결과에서 **이미지**를 클릭한 후 아래의 그림을 클릭합니다.

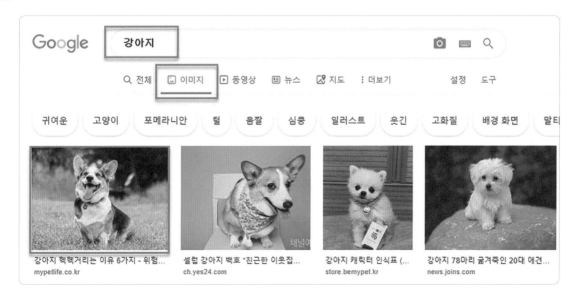

03 열려진 이미지에 마우스 오른쪽 단추를 클릭한 후 **다른 이름으로 사진 저장**을 클릭합니다.

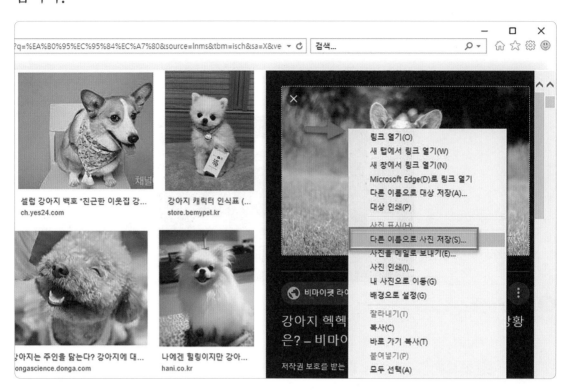

04 저장 위치는 **사진** 라이브러리에 파일 이름은 **강아지**를 입력한 후 **저장** 버튼을 클릭합니다.

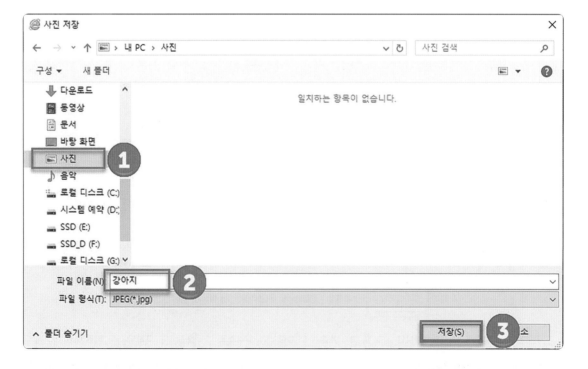

05 예쁜 강아지를 찾아서 클릭한 후 위와 동일한 방식으로 저장합니다. 파일 이름은 **강아지2**로 저장합니다.

🖱 도형 사진 채우기

01 파워포인트를 실행한 후 레이아웃을 **빈 화면**으로 변경합니다.

02 **삽입 – 도형**에서 하트를 그려넣은 후 **하트**를 더블클릭한 후 리본 메뉴의 도형스타일의 [대화상자]버튼을 클릭한 후 **그림 또는 질감 채우기**를 클릭합니다.

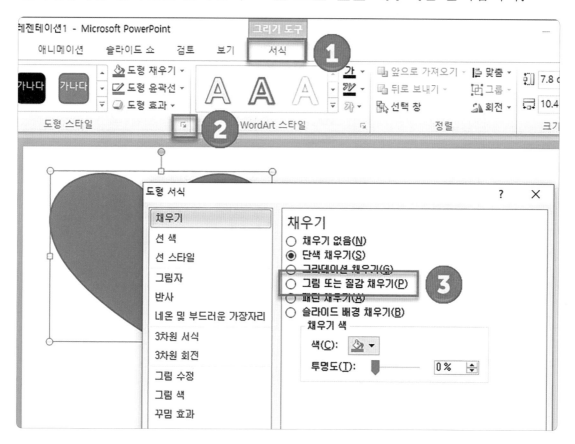

03 **파일** 버튼을 클릭한 후 **사진** 라이브러리에서 강아지를 선택해서 열기를 해줍니다.

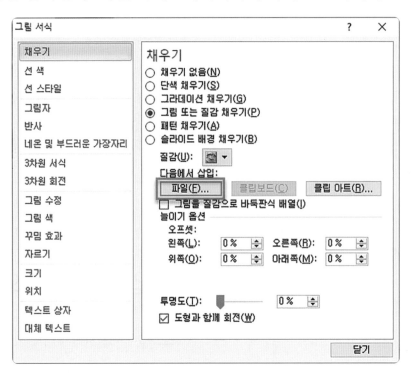

04 그림 서식 대화상자에서 **선 색**을 클릭한 후 **그라데이션 선**을 선택하고 **기본 설정 색**에서 **무지개**를 선택합니다.

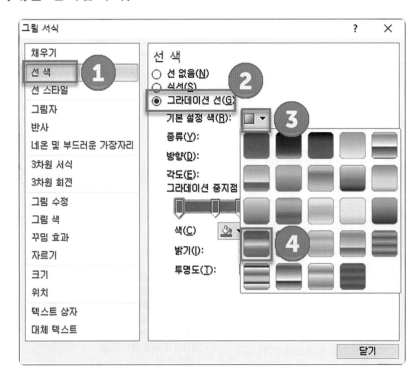

05 **선 스타일**을 선택하여 **너비**를 20으로 설정합니다. 선의 두께가 너무 얇으면 그라데이션 효과가 잘 보이지 않기 때문에 10~20 정도가 적당합니다.

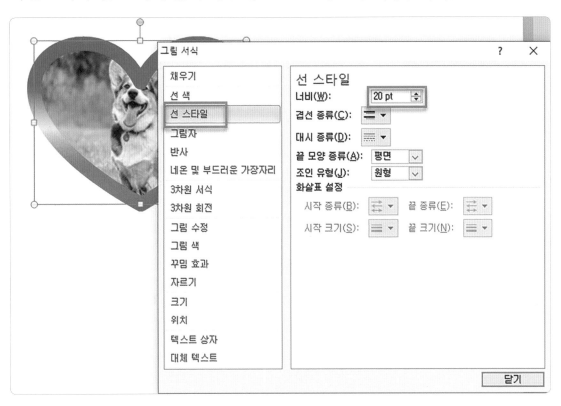

06 **3차원 서식**을 눌러 입체효과를 위쪽에서 **각지게**를 선택합니다. 입체효과는 다양하게 눌러서 적당하게 선택하면 됩니다.

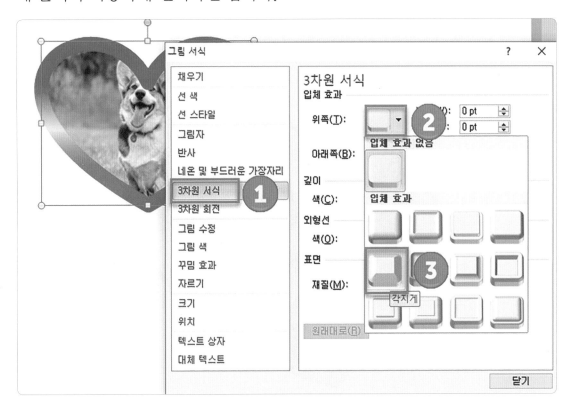

07 3차원 회전을 눌러서 미리 설정을 누르면 원근감의 마지막에 있는 **원근감 강조(왼쪽)**을 선택합니다.

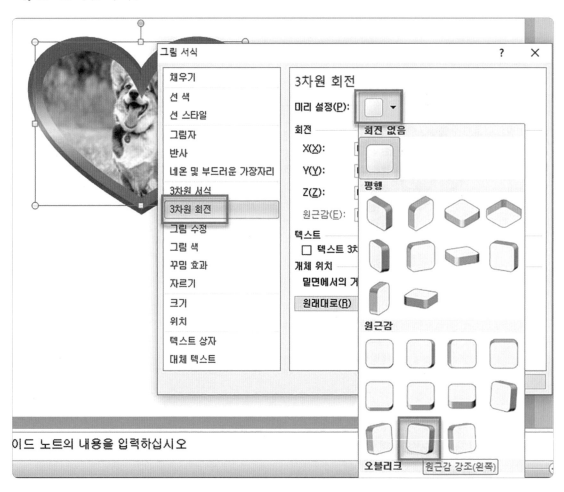

08 닫기 버튼을 클릭해서 아래의 결과물이 완성된 것을 확인합니다.

🖱 워드아트 만들기

01 새 슬라이드를 추가한 후 **삽입 – WordArt**에서 아래의 그라데이션 글자를 클릭합니다.

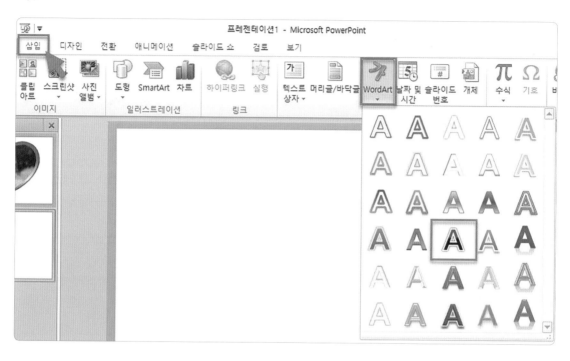

02 '필요한 내용을 적으십시오.'라는 메시지가 보이면 **인사동 여행앨범**을 입력합니다.

03 커서가 깜박이면 안됩니다. 워드아트 텍스트 상자의 테두리 틀을 선택한 후 WordArt 스타일 그룹에서 텍스트 효과서식 대화상자가 나오도록 클릭한 후 왼쪽에서 **텍스트 채우기**를 클릭합니다.

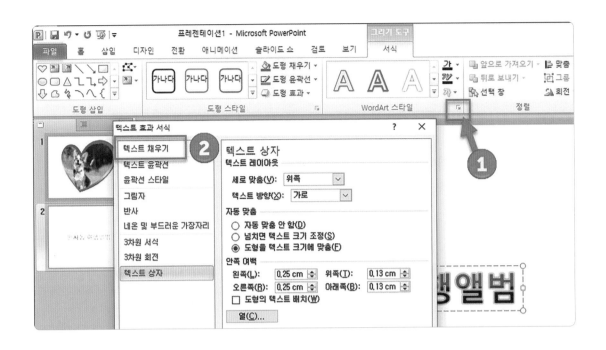

04 텍스트 채우기에서 파일 버튼을 클릭한 후 **강아지2.jpg**를 선택한 후 텍스트 윤곽선
을 **그라데이션 선**으로 처리한 후 **닫기**를 클릭합니다.

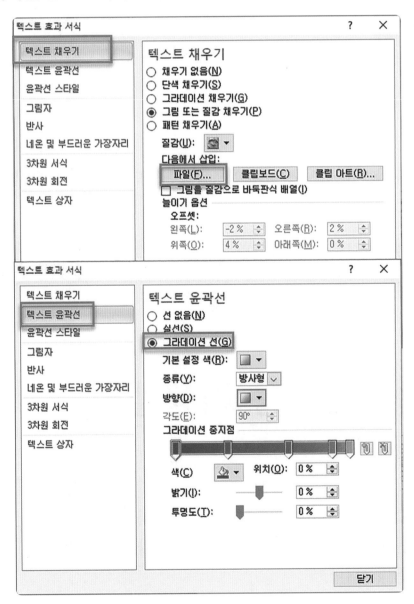

05 **텍스트 효과** 버튼을 클릭한 후 **반사 – 전체반사, 8pt 오프셋**을 선택합니다.

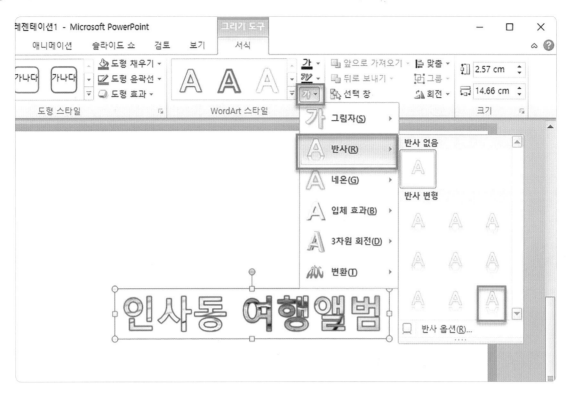

06 텍스트 효과 서식 대화상자를 열어준 후 **반사**를 클릭한 후 투명도, 크기, 간격, 흐리게를 적당하게 조절해서 반사효과를 변형해 줍니다. 다른 효과도 동일하게 대화상자에서 조절할 수 있습니다.

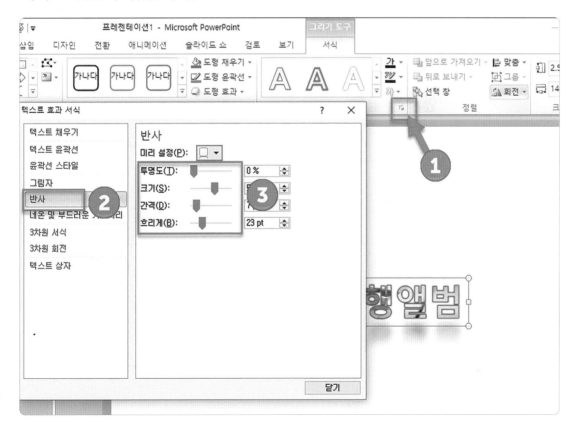

1. 캡션 있는 그림 넣기   2. 사진 애니메이션
3. 클립아트 넣기

미리보기

인사동 골목

[0] 전등을 달아서 밤에 켜면 예쁜 거리가 됩니다.

이런 것을 배워요

❶ 캡션 있는 그림 넣기를 이용해 사진을 넣게 됩니다.

❷ 사진에 애니메이션을 적용합니다.

❸ 클립아트를 삽입한 후 애니메이션을 적용합니다.

🖱 사진 슬라이드 넣기

01 파워포인트를 실행한 후 레이아웃을 **캡션 있는 그림**으로 선택합니다.

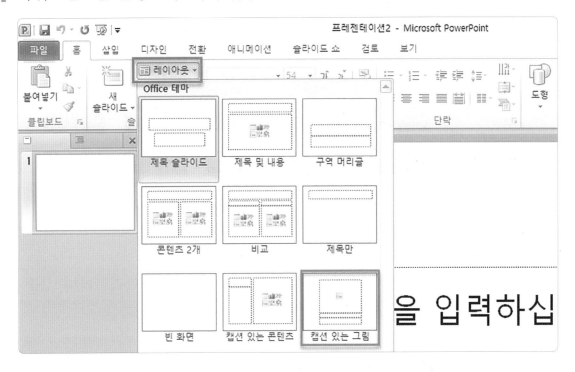

02 슬라이드 레이아웃이 나오면 그림을 넣기 위해 이미지 아이콘을 클릭합니다.

03 다운로드한 예제 폴더(파워포인트기초)에서 샘플 사진 중 **003.jpg**를 삽입합니다.

04 제목에는 **인사동 입구**를 입력한 후 텍스트를 아래와 같이 입력합니다. 2줄 이상도 입력 가능하므로 자세한 설명을 입력합니다.

인사동 입구
전등을 달아서 밤에 켜면 예쁜 거리가 됩니다.

05 슬라이드 1을 복제한 후 슬라이드 2에서 사진을 더블클릭합니다. 서식 탭에서 **그림 바꾸기**를 클릭합니다.

06 그림을 004.jpg로 선택한 후 **삽입** 버튼을 클릭합니다. 사진의 크기에 따라 캡션 있는 그림의 레이아웃이 변경됩니다. 텍스트의 내용도 사진에 어울리게 입력합니다.

01 슬라이드 1번을 클릭한 후 삽입된 **사진**을 클릭한 후 **애니메이션** 탭을 클릭한 다음 **날아오기**를 선택합니다.

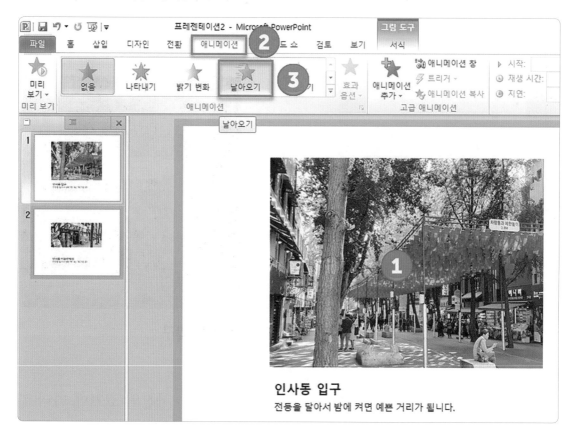

02 **효과 옵션** 버튼을 클릭한 후 **오른쪽에서** 날아오기로 변경합니다.

03 애니메이션의 시작은 **클릭할 때**인데 드롭다운 버튼을 클릭해서 **이전 효과 다음**에로 변경합니다. 사진의 애니메이션 옆에 1 이 있는데 0 으로 변합니다.

인사동 입구

04 캡션 두 개를 선택한 후 애니메이션의 종류에서 **올라오기**를 선택합니다.

인사동 입구
전등을 달아서 밤에 켜면 예쁜 거리가 됩니다.

05 캡션을 선택한 후 **시작** 버튼을 클릭해서 **이전 효과와 함께**를 클릭합니다.

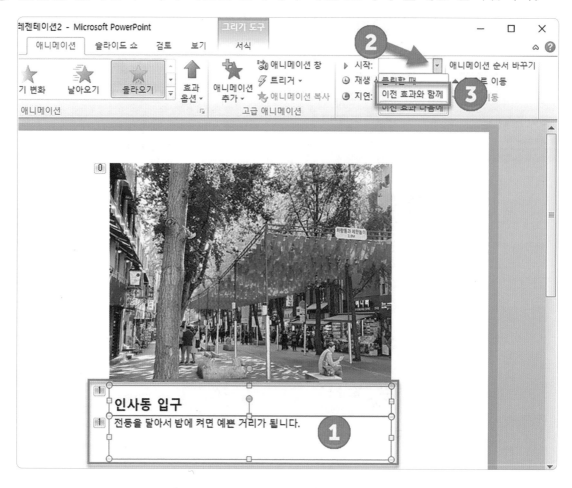

06 슬라이드 2번의 모든 내용을 선택한 후 **바운드** 애니메이션을 선택한 후 시작에서 **이전 효과와 함께**를 클릭합니다.

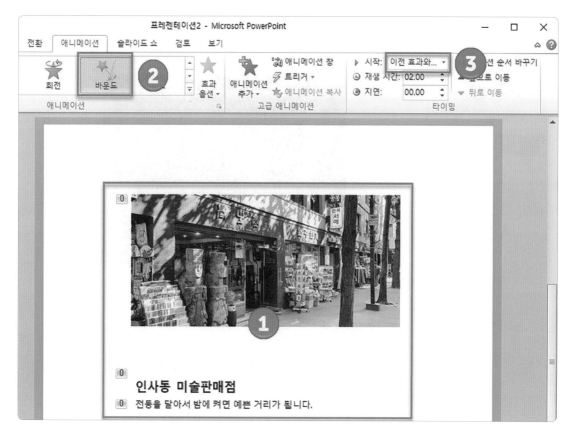

01 슬라이드 2번을 복제해서 **슬라이드 3번**을 만들어 준 후 **그림 바꾸기**를 클릭해서 005.JPG로 변경합니다.

02 **삽입** 탭에서 **클립아트**를 클릭한 후 오른쪽 클립아트 창에서 **여행**을 입력한 후 적당 한 클립아트를 선택해 클릭합니다.

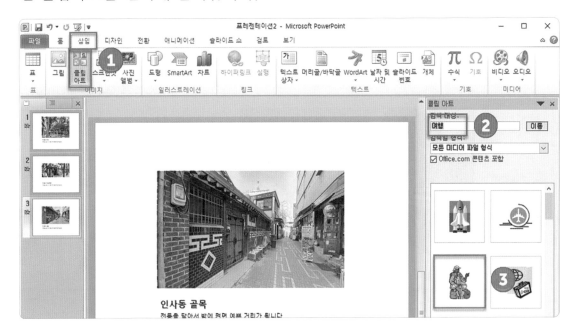

03 화면 중앙에 선택한 클립아트가 삽입되면 적당한 위치로 이동을 합니다.

04 클립아트를 선택한 상태에서 애니메이션 탭에서 **나타내기**를 선택한 후 시작에서 **이전 효과 다음에**를 선택합니다.

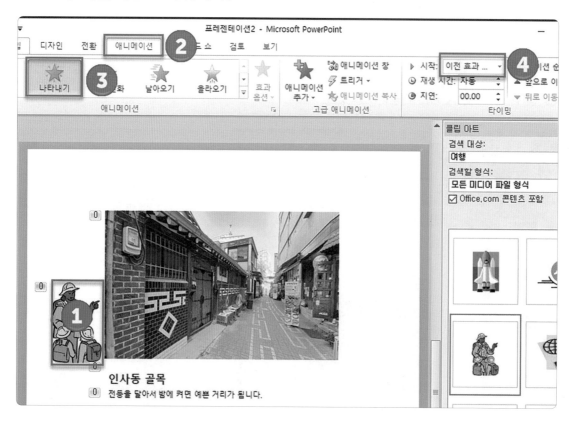

07 ▶ 기본 기능 마스터하기

1. 셰이프 도구 모음 구성하기
2. 슬라이드/이미지 크기 설정하기
3. 워드아트 크기 변경하기

🔍 미리보기

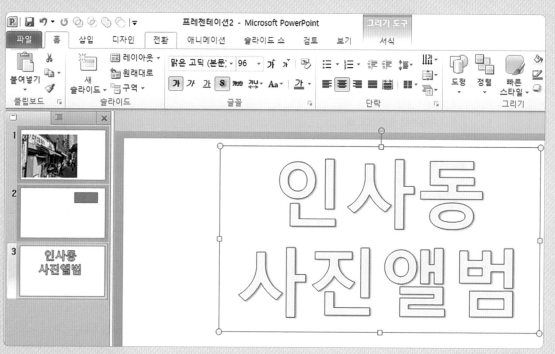

📑 이런 것을 배워요

❶ 빠른 실행에 설정하는 방법을 배우게 됩니다.
❷ 슬라이드/이미지의 크기를 정할 수 있습니다.
❸ 워드아트 크기를 변경합니다.

🖱 빠른 실행 도구 모음 설정하기

01 파워포인트를 실행한 후 **빠른 실행 도구 모음 사용자 지정** 버튼을 클릭한 후 **기타 명령**을 클릭합니다.

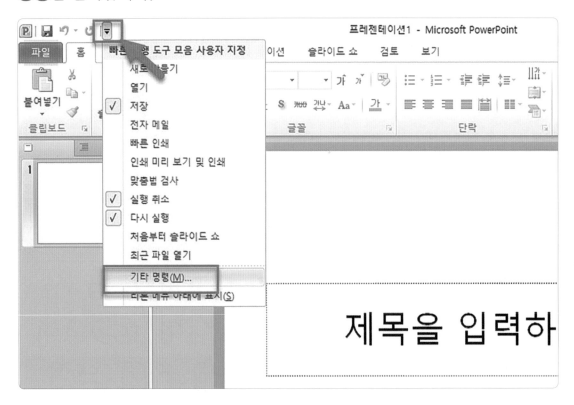

02 PowerPoint옵션 대화상자가 나오면 **많이 사용하는 명령** 드롭다운 버튼을 클릭해서 **모든 명령**을 선택합니다.

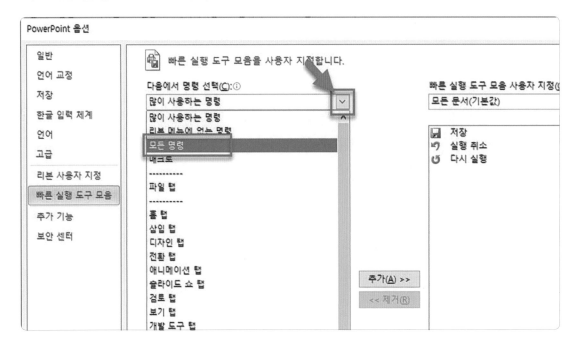

03 파워포인트는 도형 작업을 많이 하므로 도형에 관한 명령을 찾아서 추가하도록 합니다. 여기서는 **셰이프 결합, 교차, 병합, 빼기**를 하나씩 선택한 후 **추가** 버튼을 클릭해서 지정한 후 **확인** 버튼을 클릭합니다.

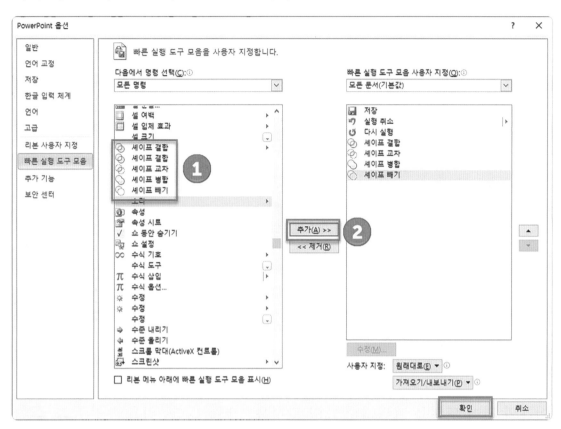

04 파워포인트의 상단의 빠른 도구모음에 4개의 도구가 추가된 것을 확인할 수 있습니다.

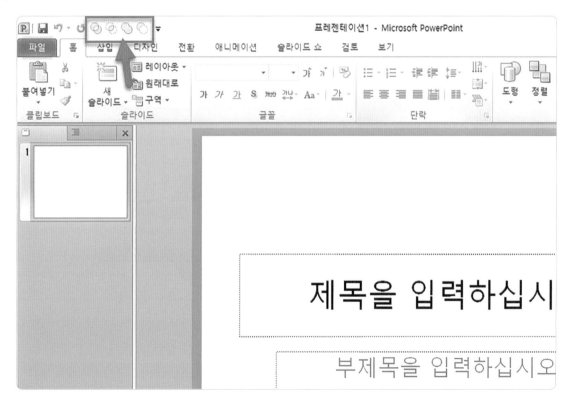

🖱 셰이프 도구 사용하기

01 슬라이드 1번의 레이아웃을 **빈 화면**으로 변경합니다.

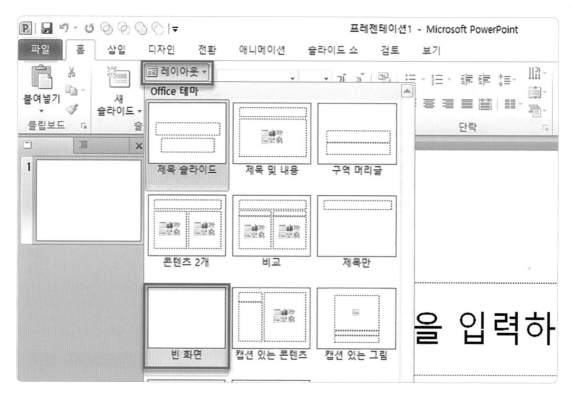

02 아래와 같이 도형을 그린 후 2개의 도형을 선택합니다. 원을 그려준 후 **주황색**으로 도형 채우기를 하고 직사각형을 **노란색**으로 도형 채우기를 해줍니다.

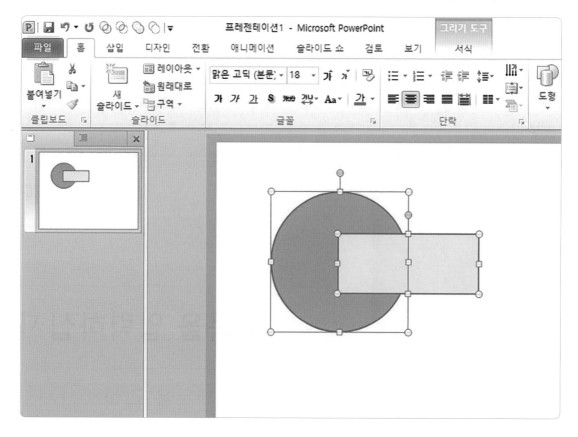

03 빠른 실행 도구모음에 **셰이프 결합**을 선택하면 아래와 같이 도형이 결합이 되는데 교차되는 부분은 투명해지게 됩니다.

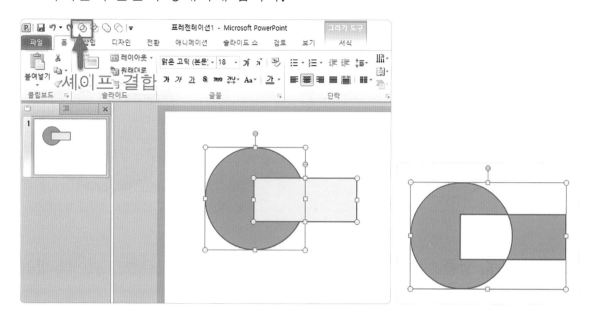

04 Ctrl + Z 를 눌러서 되돌리기를 한 후 **셰이프 교차**를 클릭한 결과를 보면 두 도형의 교차된 부분만 남겨집니다.

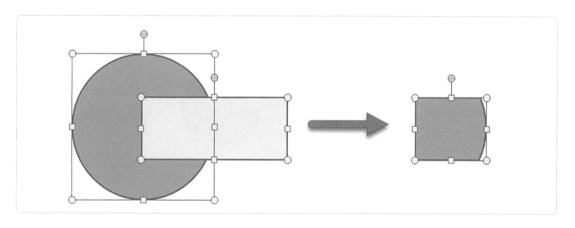

05 Ctrl + Z 를 눌러서 되돌리기를 한 후 **셰이프 병합**을 클릭한 결과를 보면 두 도형이 하나의 도형으로 새로운 도형을 만들게 됩니다.

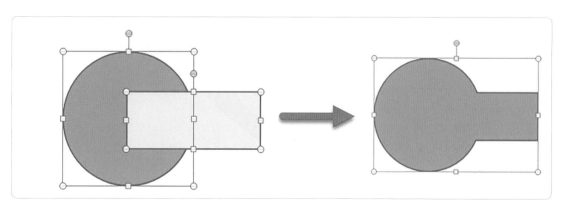

06 Ctrl + Z 를 눌러서 되돌리기를 한 후 **셰이프 빼기**를 클릭한 결과를 보면 첫 번째 도형을 두 번째 도형에 교차된 부분을 뺀 도형이 만들어줍니다.

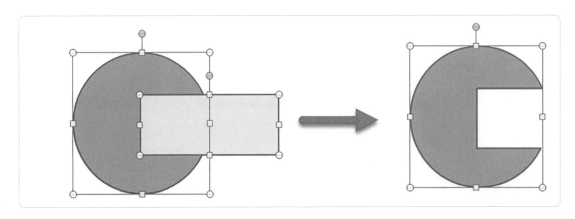

07 원과 사각형, 별을 이용하여 도형을 만들어 보세요. 원과 사각형은 셰이프 병합을 사용하고 별은 셰이프 교차를 사용합니다.

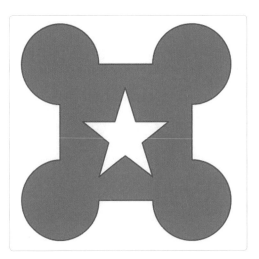

08 기본도형의 하트와 원, 달을 이용하여 셰이프 빼기를 이용해서 아래의 도형을 만들어 봅니다. 항상 기준은 첫번째 그려진 도형을 어떻게 만들것이다를 잊지 마세요.

슬라이드를 작성할 때 가장 먼저 설정해야 하는 것이 슬라이드 크기 설정입니다. 디지털 카메라 또는 스마트폰의 촬영 기본 비율이 16:9 이므로 변경해서 작업을 해 주도록 합니다.

🖱 슬라이드 크기 설정하기

01 파워포인트를 실행한 후 **디자인** 탭의 페이지 설정 그룹에서 **페이지 설정**을 선택한 다음 대화상자에서 **슬라이드 크기**를 클릭합니다.

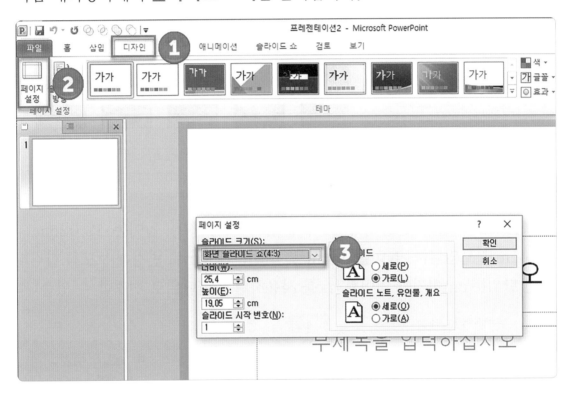

02 프리젠테이션의 기본 크기는 화면 슬라이드 쇼(4:3)이지만 스마트폰으로 촬영한 사진은 16:9의 비율이 많기 때문에 **화면 슬라이드 쇼(16:9)**로 변경한 후 **확인** 버튼을 클릭합니다. 사진이 촬영된 방향이 세로로 촬영되었다면 슬라이드 방향도 고려해야 합니다.

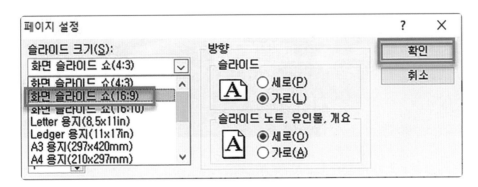

🖱️ 이미지 크기 설정하기

01 레이아웃 – 빈 화면으로 작업한 후 삽입 – 그림을 클릭해서 022.jpg를 선택한 후
삽입 버튼을 클릭합니다.

02 삽입된 이미지를 더블클릭하면 서식 탭이 나옵니다. 높이는 12.02cm, 너비는
25.4cm로 보입니다. **높이를 14cm로, 너비는 10cm**로 변경해 보도록 합니다. 기본
적인 단위는 cm이지만 영어로 px를 사용하면 픽셀단위로 변경할 수 있습니다.

03 높이는 480px, 너비는 640px로 변경해 봅니다. 3:4로 비율이 조절될 줄 알았지만 9:16으로 자동으로 변경됩니다.

04 그림의 가로, 세로 비율을 임의적으로 조절하기 위해서는 이미지에 마우스 오른쪽 단추를 클릭한 후 **크기 및 위치**를 선택합니다.

05 가로 세로 비율 고정과 원래 크기에 비례하여의 체크를 해제한 후 **높이는 480px**, 너비는 **640px**를 입력한 후 닫기 버튼을 클릭합니다.

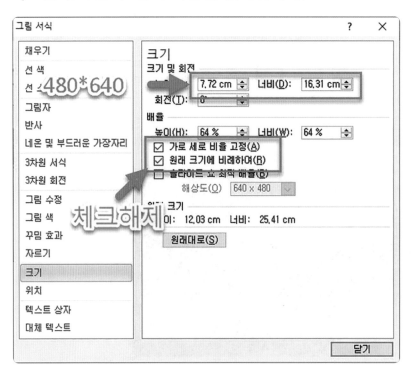

06 슬라이드2를 새로 만들어 놓은 후 사각형을 만들어 놓은 후 정사각형의 높이는 3cm, 너비는 7cm로 정해줍니다. 앞의 이미지는 크기를 비례해서 조절해 주지만 도형은 비례적으로 변하지 않습니다.

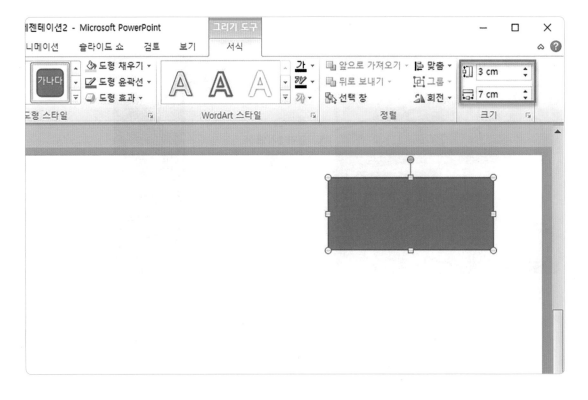

01 슬라이드 3을 만들어준 후 **삽입 – 워드아트**를 클릭한 후 워드아트 갤러리에서 첫번째를 클릭한 후 **인사동 사진앨범**을 입력합니다.

02 인사동 사진앨범 워드아트 개체를 선택한 후 **홈** 탭에서 글자크기를 96으로 변경하면 아래처럼 개체의 틀은 변하지 않고 글자의 크기만 변합니다. 글자의 크기와 개체의 크기는 다르므로 틀의 크기를 넓혀야 합니다.

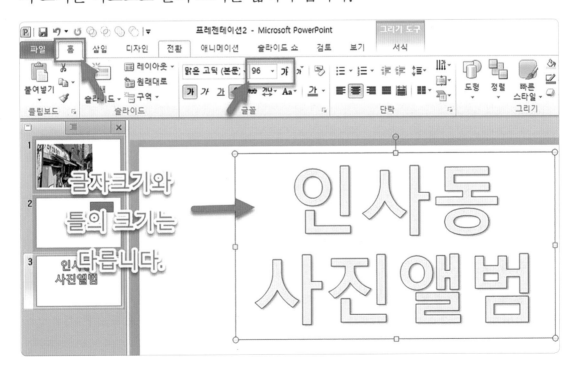

그림과 도형 마스터하기

1. 그림 마스터하기
2. 도형 마스터하기
3. 클립아트 마스터하기

🔍 미리보기

📝 이런 것을 배워요

❶ 그림의 배경을 제거하는 방법을 배우게 됩니다.

❷ 도형의 정렬과 배치를 배우게 됩니다.

❸ 클립아트를 도형으로 변형해서 사용하게 됩니다.

🖱 그림 배경 제거하기

01 인터넷 브라우저를 실행해서 **구글 홈페이지**를 열어준 후 **톰 크루즈**를 검색해서 사진 라이브러리에 저장합니다. 아래의 이미지는 구글에서 참조한 것입니다.

02 파워포인트를 실행한 후 슬라이드의 레이아웃을 **빈 화면**으로 변경합니다.

03 **삽입 – 그림**을 차례대로 클릭해서 방금 다운로드한 **탐크루즈**를 삽입해 줍니다.

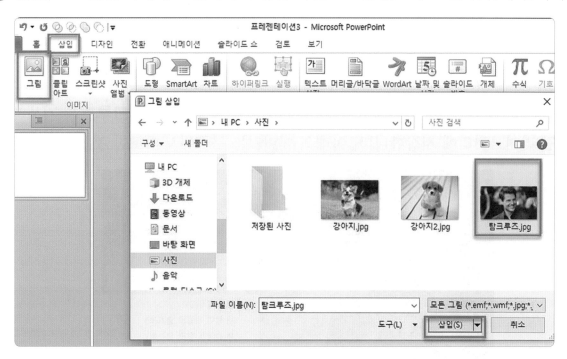

04 사진을 삽입하면 상단의 탭 메뉴가 **그림 도구의 서식**이 선택됩니다. 조정 그룹의 **배경 제거** 버튼을 클릭합니다. 반드시 그림이 선택된 상태이어야만 정황메뉴가 그림도구가 됩니다.

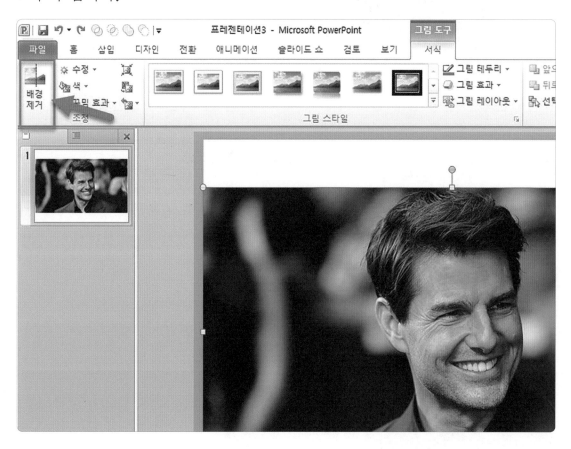

05 보관할 영역과 제거할 영역이 보이는데 상단의 **보관할 영역 표시** 버튼을 클릭한 후 보관할 영역에 드래그를 해서 보관하면 되고 **제거할 영역 표시** 버튼을 클릭해서 제거할 영역에 드래그 합니다.

06 아래와 같이 드래그를 해서 보관할 영역을 표시하거나 제거할 영역표시를 드래그 하면 됩니다.

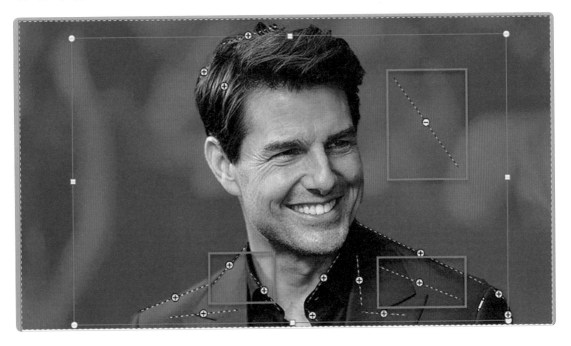

07 위와 같이 배경제거 작업이 끝나면 **변경 내용 유지** 버튼을 클릭하면 배경제거 작업을 일단 끝내게 됩니다.

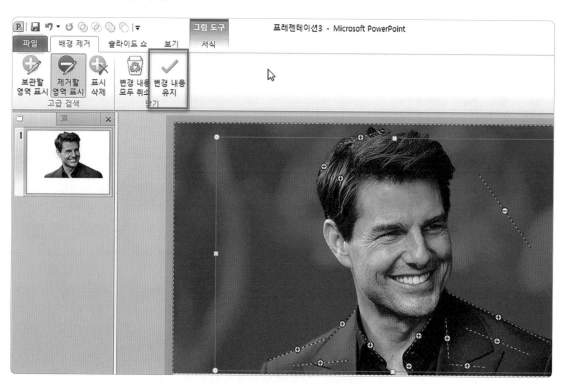

08 아래와 같이 배경제거 작업이 만족스럽지 않으면 다시 배경제거 버튼을 클릭하면 계속해서 섬세하게 배경 제거 작업을 합니다.

09 디자인 탭에서 오른쪽 끝에 있는 배경스타일에서 그라데이션 배경을 선택하면 배경이 투명하게 된 것을 알 수 있습니다.

🖱 도형 맞춤

01 파워포인트를 실행한 후 레이아웃을 **빈 화면**으로 변경한 후 아래와 같이 사각형 도형을 그려줍니다.

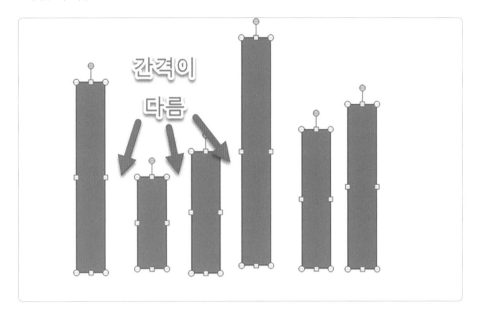

02 그려진 도형을 모두 선택한 후 서식 탭에서 **맞춤 – 가로 간격을 동일하게**를 클릭합니다.

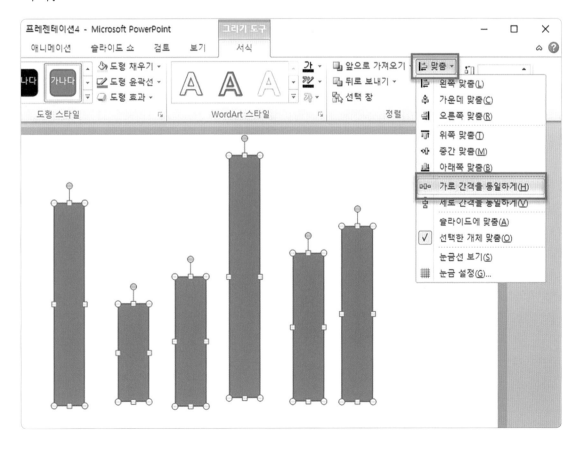

03 가로 간격이 동일하게 되었지만 아래쪽이 맞춰지면 차트답게 보일 수 있습니다. **맞춤 – 아래쪽 맞춤**을 클릭합니다. 기준은 가장 아래에 있는 도형의 위치에 맞추게 됩니다.

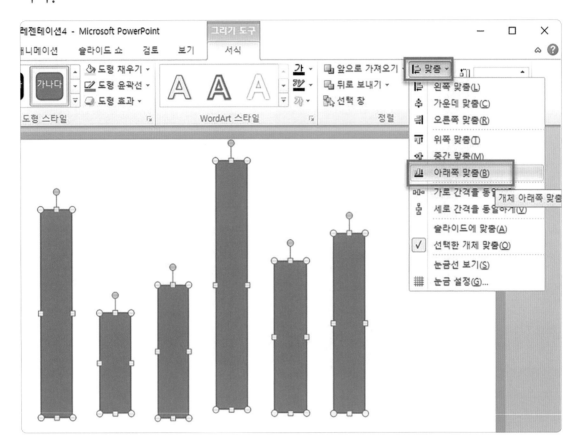

04 아래와 같이 맞춤 기능을 이용한 결과입니다. 가로 간격은 첫 번째 도형과 마지막 도형의 위치에 따라 간격이 조절됩니다.

🖱 도형 앞/뒤 보내기

01 아래와 같이 도형을 왼쪽부터 순서대로 그려줍니다.

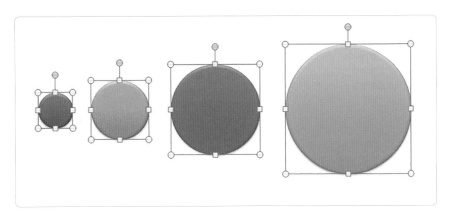

02 **서식 – 맞춤 – 가운데 맞춤**과 **중간 맞춤**을 해서 도형이 겹쳐지도록 배치합니다.

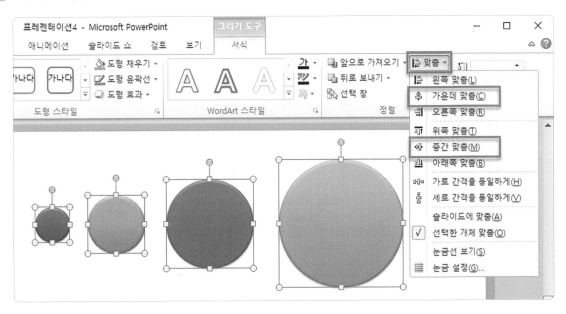

03 아래와 같이 가장 먼저 그린 것이 제일 아래로 들어가서 보이지 않게 됩니다.

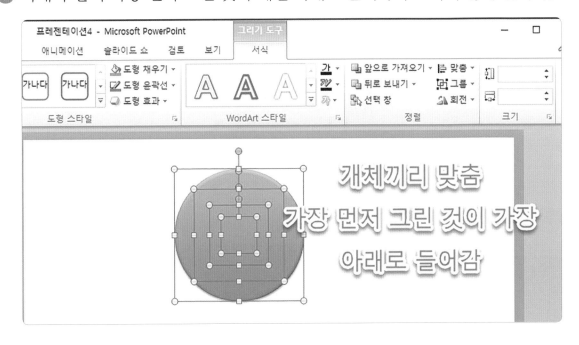

04 정렬 그룹상자에서 **선택 창**을 클릭하면 오른쪽으로 선택 및 표시 창이 나옵니다. 여기서 타원(도형)을 표시하거나 이동할 수 있습니다.

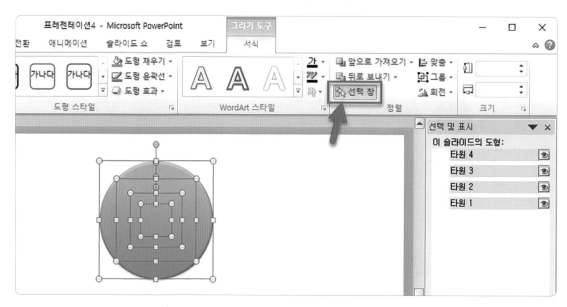

05 타원4, 타원3, 타원2 도형을 표시하지 않도록 아래의 눈 버튼을 클릭합니다. 큰 도형을 안 보이게 하면 작은 도형이 보이게 됩니다. 타원1을 클릭한 후 가장 위로 이동시킵니다.

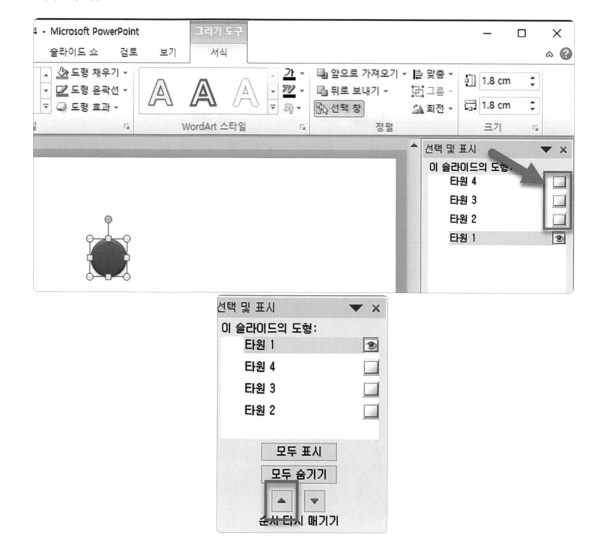

06 슬라이드의 도형을 아래와 같이 순서대로 배치한 후 눈 버튼을 클릭해서 보이도록 합니다.

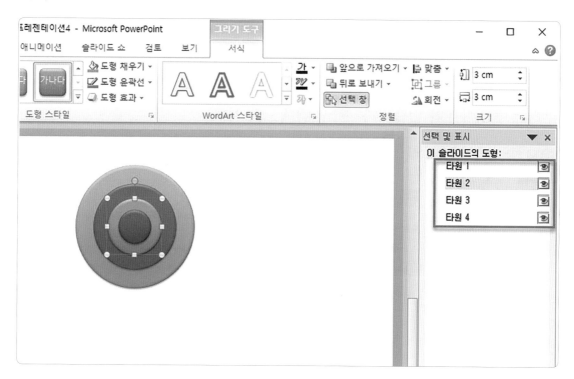

07 도형을 선택한 후 리본 메뉴에서 작업할 수도 있지만 선택 창을 표시해서 작업하는 방법이 편리합니다.

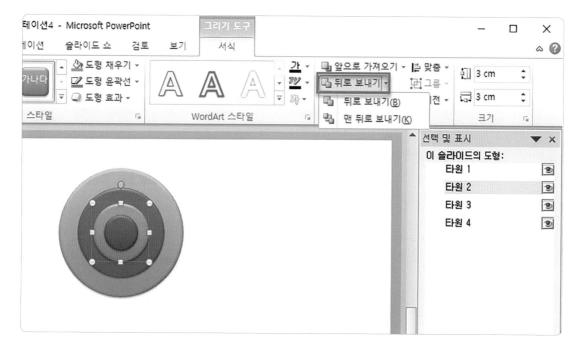

🖱 클립아트 삽입하기

01 슬라이드를 **빈 화면**으로 추가한 후 **삽입 – 클립아트**를 클릭합니다(파워포인트2013
부터는 클립아트가 없습니다. Bing검색으로 사용)

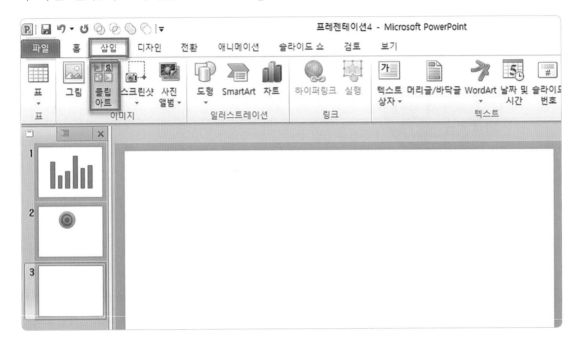

02 오른쪽 클립아트 창에서 검색대상을 **스포츠**를 입력한 후 골프 이미지를 클릭하면 슬
라이드 중앙에 삽입됩니다.

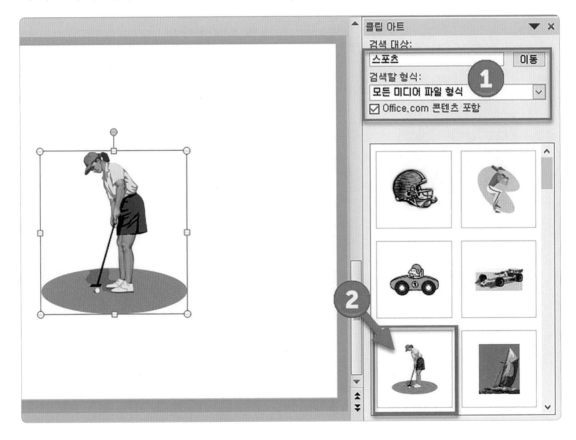

03 골프 이미지에 마우스 오른쪽 단추를 클릭한 후 **그룹 – 그룹해제**를 차례대로 선택합니다.

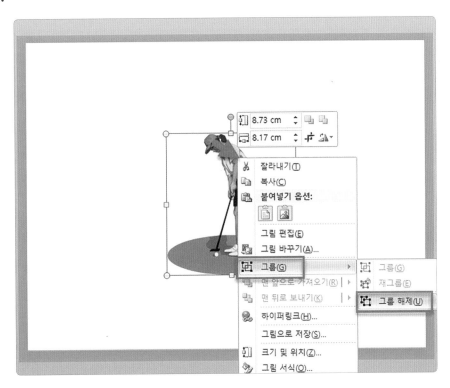

04 아래와 같이 대화상자가 나오면 **예(Y)** 버튼을 클릭합니다.

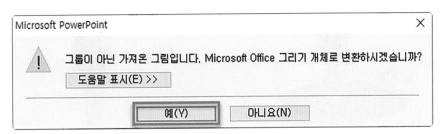

05 마우스 오른쪽 단추를 다시 눌러서 **그룹 – 그룹해제**를 클릭합니다.

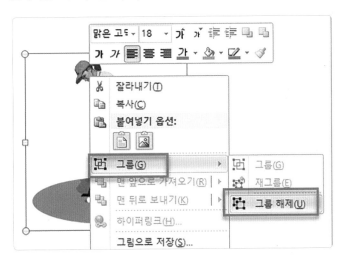

06 그룹이 완전히 해제가 되면 아래와 같이 조절점이 많아지게 됩니다. 일단 먼저 슬라이드의 배경에 클릭해서 선택을 해제합니다.

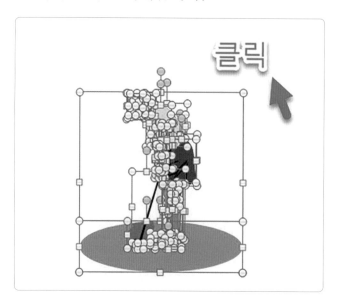

07 불필요한 부분을 클릭해서 Delete 키로 지우기를 합니다.

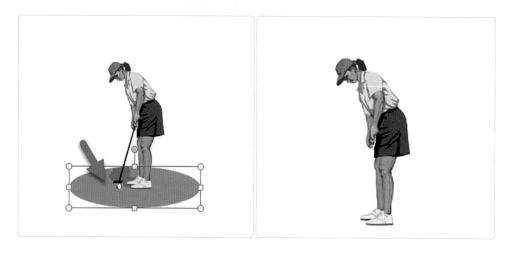

08 클립아트에서 **야구**를 검색하여 아래와 같이 변경해 보세요.

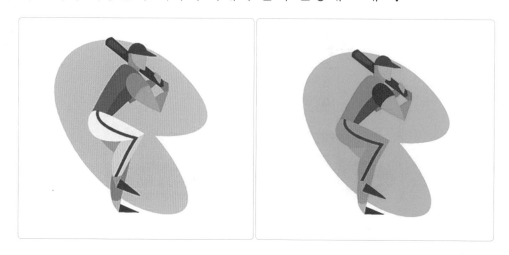

09 ▶ 스마트아트 사용하기

1. 스마트아트 만들기   2. 스마트아트 꾸미기
3. 텍스트를 스마트아트로 변환하기

🔍 **미리보기**

📋 **이런 것을 배워요**

❶ 스마트아트로 도해작업을 할 수 있습니다.

❷ 스마트아트 레이아웃 변경으로 다양한 도해작업이 가능합니다.

❸ 스마트아트의 다양한 꾸미기를 사용할 수 있습니다.

🖱 레이아웃에서 만들기

01 파워포인트를 실행한 후 **레이아웃을 제목 및 내용**으로 변경한 후 내용칸에 있는 스마트아트 버튼을 클릭합니다.

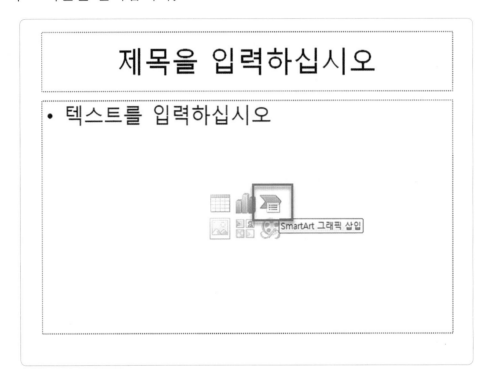

02 SmartArt 그래픽 선택 대화상자가 나오면 다양한 스마트아트가 나옵니다. 좌측에서 **프로세스형**을 선택한 후 오른쪽 창에서 **단계 상승 프로세스형**을 선택합니다.

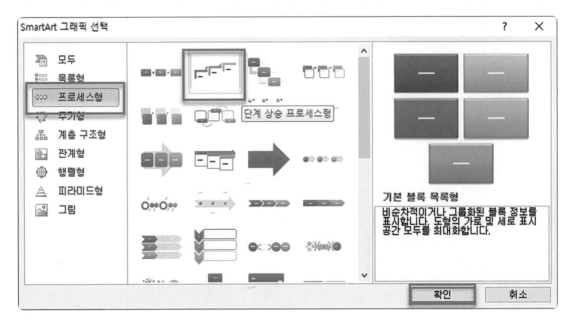

03 텍스트 입력상자에서 내용을 아래와 같이 입력하고 아래 방향키를 눌러서 이동한 후 다음 내용을 입력합니다. Enter 를 누르면 항목이 추가가 됩니다.

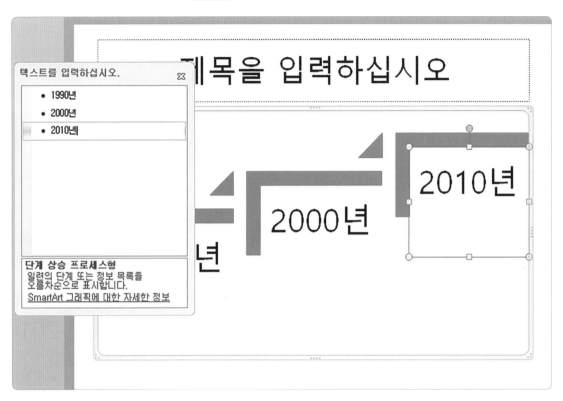

04 1990년도를 클릭한 상태에서 Enter 를 누른 후 Tab (탭)키를 눌러서 **$10,000**를 입력합니다. 나머지도 아래와 같이 데이터를 입력합니다.

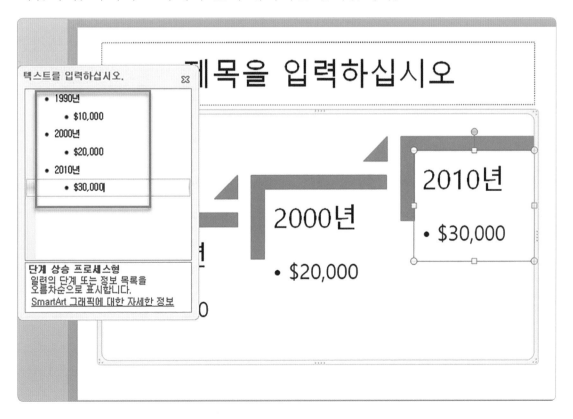

📱 레이아웃 변경하기

01 파워포인트는 다양한 레이아웃을 마련하고 있습니다. 잘못된 적용을 하더라도 언제든지 쉽고 빠르게 변경할 수 있습니다. 스마트아트 레이아웃 **자세히** 버튼을 클릭합니다.

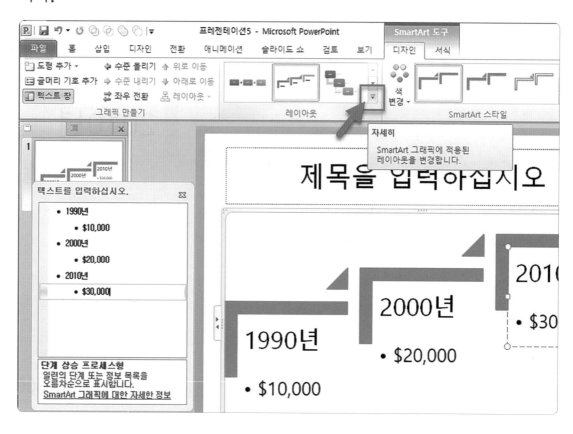

02 스마트아트 레이아웃 갤러리가 나오면 **프로세스 화살표형**을 클릭해서 변경합니다.

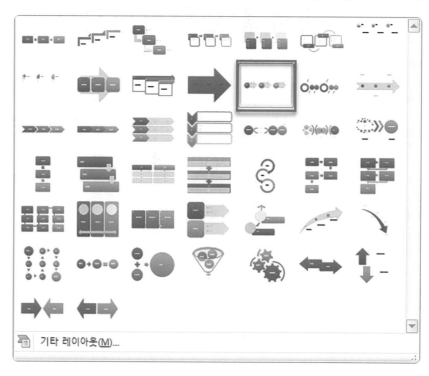

03 아래와 같이 제목을 변경한 후 도해작업이 적당하고 오타가 없는지를 확인합니다.

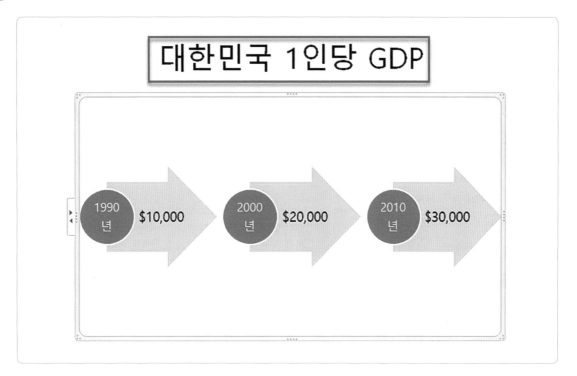

04 아래와 같이 레이아웃을 목록형에서 **계층구조 목록형**으로 변경해 보세요.

🖱 색상으로 꾸미기

01 디자인 탭에서 **색 변경** 버튼을 클릭한 후 색상형의 3번째에 있는 **색상형 범위, 강조색3 또는 4**를 선택합니다.

02 SmartArt 스타일 **자세히** 버튼을 클릭합니다.

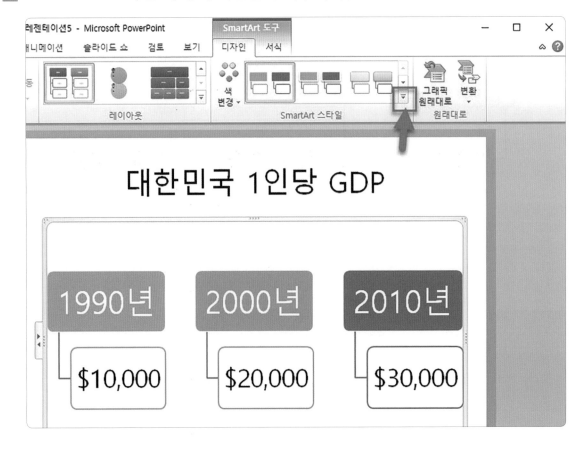

03 3차원에서 마지막에 있는 **조감도**를 선택한 후 슬라이드에 적용된 스마트아트를 확인해봅니다.

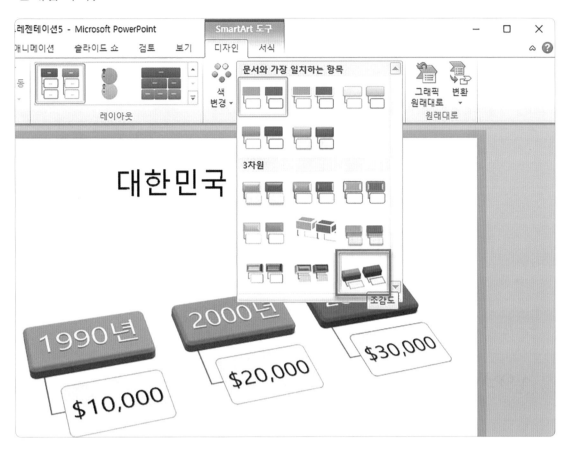

04 레이아웃을 **그룹화된 목록형**으로 변경하면 아래와 같이 변경됩니다. 순서는 어떻게 하든 관계없지만 상황에 따라 변경할 때도 있습니다.

🖱 그림으로 저장

01 스마트아트로 만들어 놓아도 다른 프로그램에서 사용하기 위해서는 그림으로 저장을 해야 합니다. 아래와 같이 스마트아트가 선택된 상태에서 **변환 – 도형으로 변환**을 선택합니다.

02 도형에 마우스 오른쪽 단추를 클릭한 후 **그림으로 저장**을 누릅니다.

03 저장위치는 **바탕 화면**으로 파일이름은 **1인당GDP**를 입력한 후 **저장 버튼**을 클릭합니다.

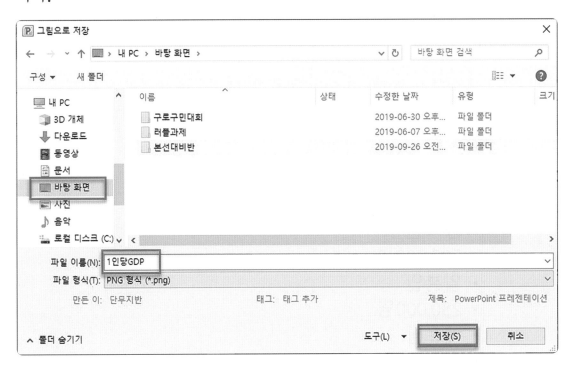

04 파워포인트를 종료한 후 한글2010을 실행해서 **입력 – 그림**을 차례대로 클릭해서 바탕화면에 있는 **1인당GDP.PNG** 파일을 사용해봅니다.

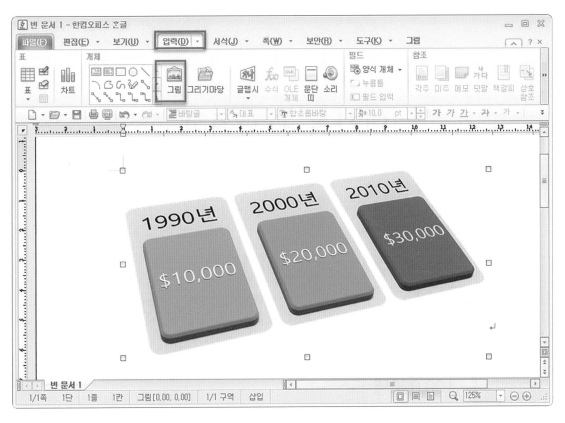

■ 파워포인트에서 생산된 이미지는 다른 프로그램에서 활용하기 위해서는 그림으로 저장해서 사용해야 합니다.

🖱 텍스트 상자 입력하기

01 파워포인트를 실행한 후 레이아웃을 **제목 및 내용**으로 변경한 후 아래와 같이 입력을 합니다.

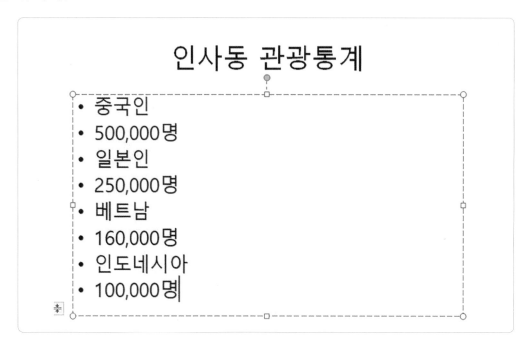

02 방문객 숫자 앞에 클릭을 한 후 키보드 Tab (탭)을 눌러서 아래와 같이 편집합니다.

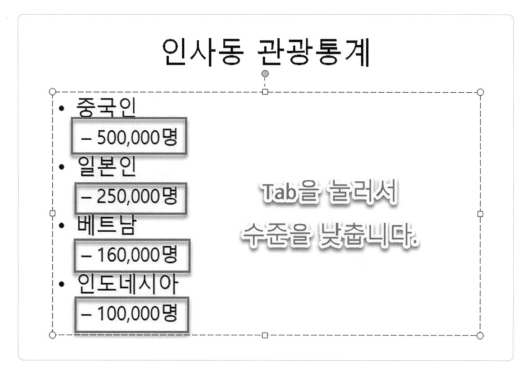

03 홈 탭의 단락그룹에서 **SmartArt로 변환**을 클릭합니다.

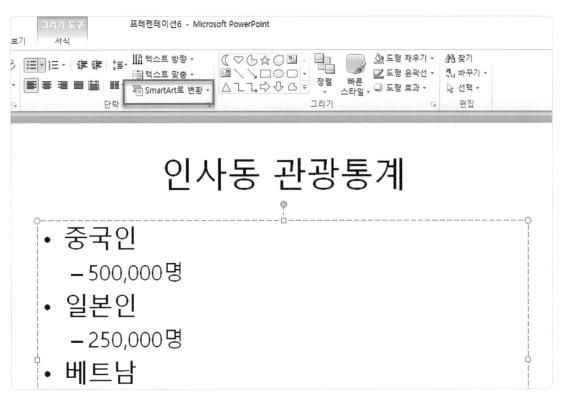

04 스마트아트의 레이아웃이 나오면 **기본 행렬형**을 선택합니다. 파워포인트는 글상자에 글머리기호를 넣어서 작업을 할 경우 스마트아트로 손쉽게 변환할 수 있습니다.

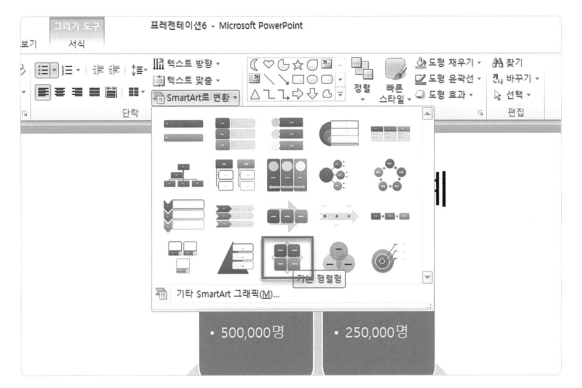

05 반대로 스마트아트로 만들어진 자료를 수정이 편하도록 텍스트로 변환하는 기능도 제공하고 있습니다. **디자인 – 변환 – 텍스트로 변환**을 차례대로 클릭합니다.

06 아래와 같이 텍스트로 변환이 되었습니다. 파워포인트를 작업할 경우 먼저 텍스트를 입력한 후 스마트아트 등으로 변환하는 것이 더 빠르게 작업하는 방법입니다.

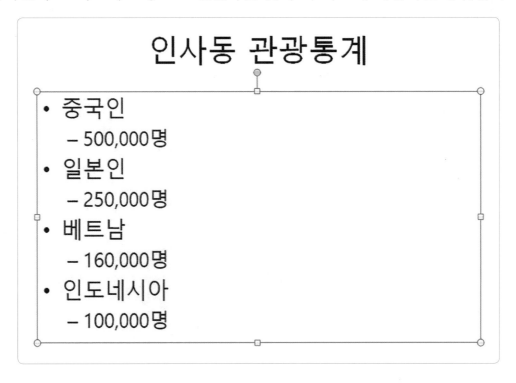

멀티미디어와 애니메이션

🔍 미리보기

비디오 삽입하기

📝 이런 것을 배워요

❶ 동영상을 슬라이드에 삽입할 수 있습니다.

❷ 소리를 슬라이드에 삽입해서 들어볼 수 있습니다.

❸ 미디어에 애니메이션을 적용할 수 있습니다.

🖱 동영상 삽입하기

01 파워포인트를 실행한 후 레이아웃을 **제목 및 내용**으로 변경한 후 아래와 같이 수정합니다.

02 다운로드한 예제 폴더(파워포인트기초)에서 **인사동.wmv** 파일을 선택해서 삽입을 합니다.

03 비디오가 삽입되면 아래와 같이 플레이를 할 수 있는 컨트롤바가 생깁니다. 재생을 눌러서 미리보기를 해봅니다. 동영상을 삽입할 경우 코덱이 없어서 안될 때가 있는데 인터넷에서 통합코덱을 설치하면 잘 됩니다.

04 아래와 같이 검은 바탕의 이미지가 처음부터 보이면 어떤 비디오인지 알아보기 힘들기 때문에 **포스터 틀**을 클릭한 후 **파일의 이미지**를 클릭해서 변경해 줍니다.

05 대표이미지로 적용할 사진을 선택한 후 **삽입** 버튼을 클릭합니다.

06 대표이미지가 변경되었으므로 재생을 해봅니다. 슬라이드 쇼를 해보면 더욱 확연하게 변경한 이유를 알게 될 것입니다.

07 **포스터 틀 – 다시 설정**을 클릭해서 원래의 검정화면으로 변경을 해 봅니다.

동영상 애니메이션

01 동영상을 슬라이드 쇼를 하면 자동으로 재생이 되지 않고 반드시 버튼을 클릭하거나 영상에 클릭을 해야만 됩니다. 이때는 애니메이션에서 자동으로 재생되도록 하면 됩니다. **동영상을 선택**한 후 **재생** 탭에서 **클릭할 때**를 눌러서 **자동 실행**을 선택합니다.

02 비디오가 재생될 때 자연스럽게 시작하고 자연스럽게 끝나는 것을 위해서 **페이드 인**과 **페이드 아웃**을 **1초** 정도로 설정합니다.

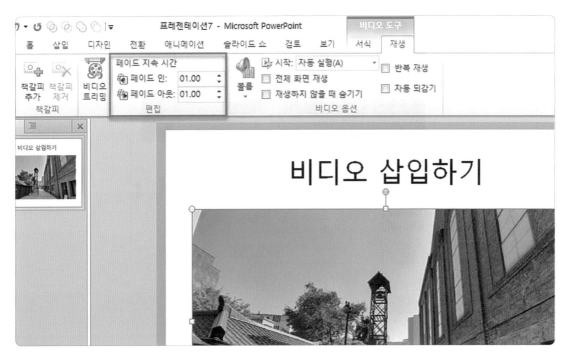

🖱 동영상 자르기

01 동영상을 클릭한 후 **재생** 탭에서 **비디오트리밍**을 클릭합니다.

02 비디오 맞추기 대화상자가 나오면 아래에 재생 버튼이 있습니다. 클릭을 해서 재생하다 자르고 싶은 구간이 나오면 일시정지를 누르면 됩니다.

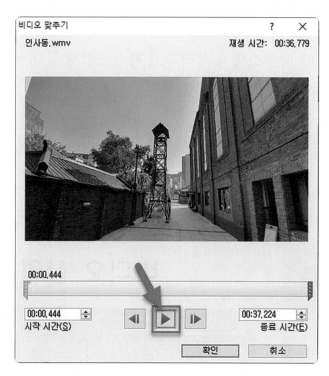

03 일시정지 버튼을 클릭하면 플레이 헤드가 멈추고 있습니다. 이제 동영상에서 필요한 부분만 찾아줍니다.

04 동영상에서 필요한 부분을 찾았으면 앞쪽의 초록색 바를 시작 부분으로 이동하고 뒤쪽의 빨간색 바를 마지막 부분으로 이동시킨 후 확인을 클릭합니다.

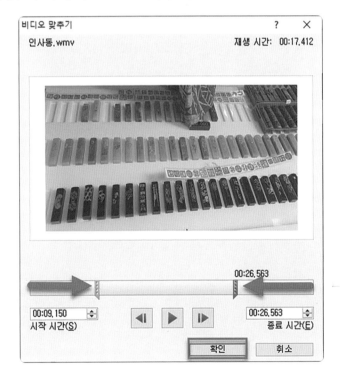

05 슬라이드 쇼를 진행하면 비디오 트리밍을 한 영역만 재생이 되는 것을 확인할 수 있습니다.

🖱 오디오파일 삽입하기

01 삽입 – 오디오 – 오디오 파일을 차례대로 클릭합니다.

02 다운로드한 예제 폴더(파워포인트기초)에서 **On_My_Way_Home_Sting.mp3**을 삽입합니다.

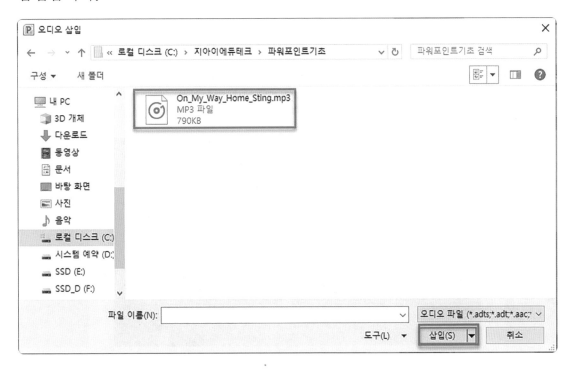

03 슬라이드 중앙에 오디오 파일이 삽입되었습니다. 미리듣기를 위해 재생 버튼을 클릭해봅니다.

04 오디오 파일을 처음으로 되돌려준 후 **재생** 탭에서 오디오를 자동으로 재생하기 위해 **클릭할 때**를 눌러서 **자동 실행**을 골라준 후 **쇼 동안 숨기기**를 체크해서 슬라이드 쇼할 때 보이지 않도록 합니다.

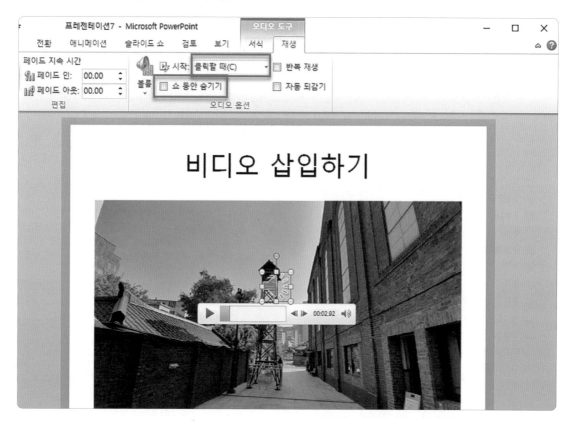

05 슬라이드 쇼를 하게 되면 동영상 재생이 끝난 후에 오디오가 재생이 됩니다. 스피커를 클릭한 후 **애니메이션** 탭에서 **시작**을 **이전 효과와 함께**로 선택합니다.

06 **재생 – 오디오 트리밍**을 클릭한 후 음악도 필요한 부분만 트리밍을 해야 합니다.

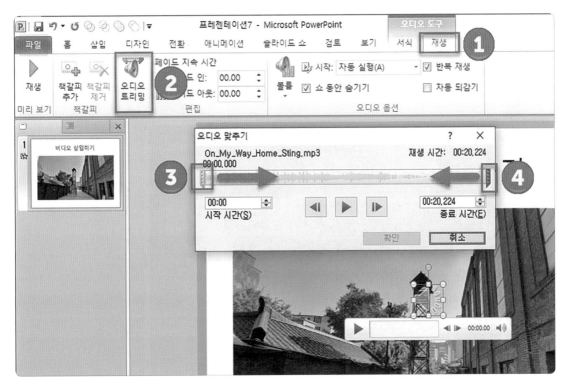

07 슬라이드 쇼를 진행한 후 바탕화면에 **영상만들기**로 저장합니다.

01 파워포인트를 실행한 후 **삽입 – 그림**을 클릭한 후 예제 폴더(파워포인트기초)에서 samsung_tv.jpg를 삽입합니다.

02 서식 탭에서 **자르기** 도구를 이용해 불필요한 부분을 잘라서 슬라이드의 크기에 맞춰 줍니다.

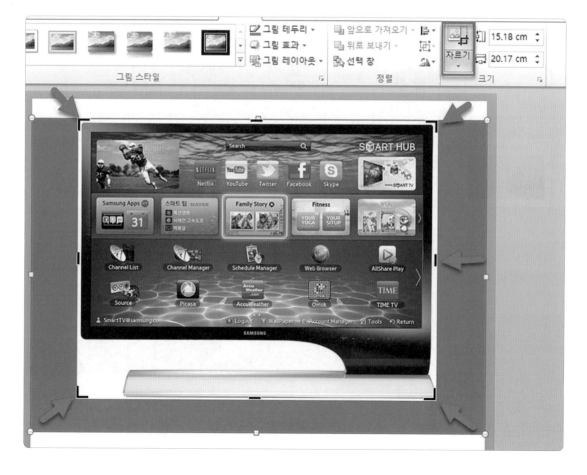

03 흰색 배경색을 제거해 주기 위해 배경 제거를 클릭한 후 아래처럼 작업해 줍니다.

04 슬라이드에 맞춰 이미지의 크기를 조절한 후 **삽입 – 비디오**를 클릭해서 **인사동**.wmv 를 모니터 화면에 맞춰줍니다.

05 재생 탭에서 **반복 재생, 자동 되감기**를 체크해서 영상 재생이 끝나면 계속되도록 체크합니다. 시작은 **자동 실행**으로 변경합니다.

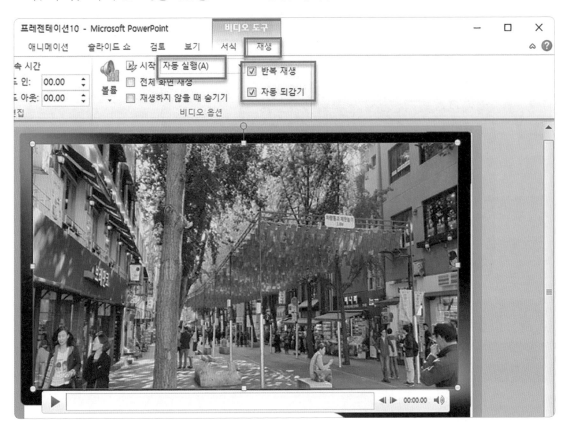

06 오디오 파일을 삽입한 후 자동 실행으로 설정한 후 애니메이션에서 시작을 다음 효과와 함께로 설정해서 재생합니다.